Die Sprache verschlagen

Kathrin Berger

Die Sprache verschlagen

Frauen berichten vom Leben nach einer Vergewaltigung

Autorin und Verlag danken den folgenden Institutionen für die Druckkostenzuschüsse:
Lotteriefonds des Kantons Zürich
Avina Stiftung, Hurden ZH
Dr. Adolf Streuli-Stiftung, Zürich

© Copyright 2008 by eFeF-Verlag, Bern / Wettingen
Alle Rechte vorbehalten
Umschlaggestaltung und Fotos: Anna Graber, Zürich
Herstellung: Christina Hertig, Würenlos
Druck und Bindung: Himmer AG, Augsburg

Inhaltsverzeichnis

Vorwort   7

Einleitung der Beratungsstelle Nottelefon Zürich   11

«Das Leben ist nicht mehr, was es früher einmal war.»   19

«Ich habe mich immer dagegen gewehrt,
als Opfer gesehen zu werden.»   41

«Die Sprache verschlagen.»   65

«Verletzlicher als früher.»   89

«In guten und in schlechten Zeiten.»   109

Nachwort   127

Die Vergewaltigung verarbeiten – ein Modell   131

Literaturverzeichnis   148

Das Unvorstellbare ins Bild setzen   149

Adressliste der Beratungsstellen in der Schweiz   150

Vorwort

Vor fünf Jahren wurde ich während eines Forschungsaufenthalts im Iran von einem Fremden vergewaltigt. Ich war 33 Jahre alt. Die Erfahrung der Vergewaltigung lähmte mich während Monaten. Sie stellte meinen Studienabschluss in Frage, da das Schreiben der Lizentiatsarbeit eine Auseinandersetzung mit meinen Erfahrungen im Iran bedeutete und damit untrennbar mit der Vergewaltigung verknüpft war. Familie, Freunde und Freundinnen reagierten betroffen und oft sprachlos. Meine damalige Beziehung ging kurz nach meiner Rückkehr in die Brüche. Die geplante berufliche Neuorientierung gelang vorläufig nicht – ich blieb ein halbes Jahr arbeitslos und kehrte dann zu meinem angestammten Beruf zurück, bemüht, wieder etwas Boden unter die Füsse zu bekommen.

Während Monaten spürte ich mich als Ganzes nicht mehr – da waren nur noch Einzelteile, physische: Brüste, Beine, Arme, ein Bauch. In der Öffentlichkeit bemühte ich mich um Unauffälligkeit, erlebte die Strasse als bedrohlichen Raum, in dem mir nichts und niemand Schutz bot, in dem ich im Handumdrehen wieder zum Opfer werden konnte. Ich fühlte mich konturenlos, schutzlos, von unsichtbaren Augenpaaren beobachtet, die nach nichts anderem als meinen Körperöffnungen trachteten, fühlte mich ausgestellt, als wären unsichtbare Scheinwerfer auf mich gerichtet. Im Tram überkam mich ohne Vorwarnung Angst, ausgelöst durch Gerüche oder Blicke, welche Bilder, Ekel und Entsetzen wachriefen und mich erstarren liessen, als zöge ich mich blitzschnell auf einen harten, gefühllosen, toten Punkt in meiner Seele zurück.

Noch heute geschieht es, dass ich nachts, allein auf dem Heimweg, fahrig und steif abwäge, ob ich heil nach Hause kommen werde, und feststelle, dass ich wieder diese unsichtbare Grenze überschritten habe, hinter der Wahrscheinlichkeitsrechnungen wertlos sind. In solchen Momenten wünsche ich mir einen leichten, nebensächlichen, durchsichtigen Körper, der nicht mehr verletzt und gedemütigt werden kann, da er nicht mehr bewohnt ist.

Als hilfreich erwies sich das Verständnis naher Freunde. Indem sie mir zu verstehen gaben, dass ich ihnen auch in meiner Verletztheit und Verwirrtheit willkommen war, gewährten sie mir eine Art geschützten Raum, innerhalb dessen ich mich nicht zu verstellen brauchte. Andere Freundschaften, die ich für innig und verlässlich gehalten hatte, hielten der Belastung nicht stand. Ich nahm während eines halben Jahres wöchentlich das Angebot bei der Beratungsstelle Nottelefon Zürich in Anspruch, was mir half, meine Angstzustände und die Furcht, nie wieder im Alltag bestehen zu können, zu bewältigen. Es tat gut zu hören, dass meine Dünnhäutigkeit, meine Konzentrationsstörungen und Panikattacken, zum Beispiel während eines klassischen Konzerts oder beim Versuch, mich ans Steuer eines Leihwagens zu setzen, folgerichtige Symptome des erlebten Traumas waren und sich im Lauf der Zeit zurückbilden würden, ebenso wie meine Gefühle von Isolation, Desorientierung und einer namenlosen Trauer, die sich wie ein See in mir ausbreitete und mich verstummen liess. Mit Hilfe einer Kinesiologin gelang es mir, ein Stück Traumaarbeit zu leisten und die Fragmente, in die ich zerfallen war, wieder zusammenzufügen. Und ununterbrochen versuchte ich, im Tagebuch Worte und Bilder zu finden für das, was ich empfand, um es zu objektivieren und so Distanz dazu zu schaffen.

In den Monaten unmittelbar nach der Vergewaltigung durchstöberte ich wieder und wieder Buchhandlungen in der Hoffnung, auf ein Buch zu stossen, das mir aus einer nicht fachlichen Perspektive Trost spenden und Einblick in die Erfahrungen anderer Frauen gäbe; ich wurde jedoch nicht fündig. So entstand die Idee, in einem Buch Frauen zu Wort kommen zu lassen, die vergewaltigt worden und bereit waren, über ihren persönlichen Verarbeitungsprozess und ihre Bewältigungsstrategien zu sprechen.

Durch die Vermittlung der Beratungsstelle Nottelefon kam ich in Kontakt mit fünf Frauen zwischen 28 und 51 Jahren, die sich einverstanden erklärten, mir von ihrem Weg aus der Krise zu berichten. Die Begegnungen waren geprägt von gegenseitiger Neugier und dem Wunsch, über das Erlebte zu sprechen. Dabei zeigte sich, dass die Art und Weise, wie die Krise bewältigt und Trauerarbeit geleistet wird, genauso vielfältig ist wie die Lebenswege der Frauen, und dass es keine für alle gültigen Rezepte gibt.

Das Buch soll dazu beitragen, aus der Sprachlosigkeit herauszufinden, in der wir Betroffene uns befinden. Wir brauchen Worte, um über das Erlebte zu sprechen. Wir brauchen Menschen, die willens und in der Lage sind, uns zuzuhören und unsere Worte so zu verstehen, wie wir sie meinen. Das Buch soll Mut machen, über das erlittene Trauma und seine Folgen zu sprechen. Überdies soll es Verständnis wecken dafür, dass die Erarbeitung eines neuen, stabilen Selbstbildes und die damit verbundene Rückkehr zu einer nicht ständig hinterfragten, alltäglichen Normalität Zeit und Geduld brauchen, auch wenn der Druck, schnell wieder zu funktionieren, hoch ist.

Die Berichte der Betroffenen sind als Momentaufnahmen zu verstehen. Dies empfanden auch die Beteiligten, als sie ein Jahr nach dem Gespräch mit mir das Manuskript ihres Textes zum Durchlesen, Korrigieren und Ergänzen in den Händen hielten: Einige von ihnen waren überrascht, wie sehr sie sich in der Zwischenzeit bereits wieder verändert hatten.

Die Vergewaltigung selbst und die damit verbundenen Umstände liess ich bewusst nur soweit schildern, wie mir dies für das Verständnis der auf sie folgenden Ereignisse für nötig erschien.

Namen und Ortsbezeichnungen wurden verändert, um die Anonymität der Betroffenen zu gewährleisten

Ich danke Anita, Christine, Katja, Lea und Meret für ihre Offenheit, ihren Mut zur Verletzlichkeit und das mir entgegengebrachte Vertrauen – ohne sie gäbe es dieses Buch nicht. Der Beratungsstelle Nottelefon Zürich, insbesondere Barbara Schmidiger, danke ich für Ihre Unterstützung und die ermutigende, engagierte Begleitung – ohne ihr Interesse wäre meine Idee vielleicht unverwirklicht geblieben.

Einleitung der Beratungsstelle Nottelefon Zürich

Im Sommer 2005 wandte sich die Autorin an unsere Beratungsstelle mit der Bitte um fachliche Unterstützung. Als eine von sexueller Gewalt betroffene Frau und ehemalige Klientin wollte sie jetzt das Buch schreiben, wonach sie nach der Vergewaltigung erfolglos gesucht hatte: ein Buch, in dem betroffene Frauen zu Wort kommen. Sie suchte Interviewpartnerinnen, die bereit waren, über die erlebte Gewalt zu berichten, und fragte uns gleichzeitig an, ob wir sie auf dem Weg zu diesem Buch fachlich unterstützen würden.

Als ich diese Aufgabe übernahm, konnte ich nicht abschätzen, wie spannend und dicht der Prozess zum jetzt vorliegenden Buch sein würde. Seit über zehn Jahren arbeite ich auf der Beratungsstelle und fühle mich reich beschenkt, an dieser Form von Verarbeitung beteiligt worden zu sein.

Die Beratungsstelle Nottelefon Zürich ist eine staatlich anerkannte Opferhilfeberatungsstelle, die Frauen nach erlebter sexueller Gewalt berät und begleitet. Wir werden immer wieder angefragt, ob wir betroffene Frauen vermitteln könnten, sei es für Fernsehbeiträge, für Forschungsprojekte oder Artikel in Zeitschriften. Das Buchprojekt von Kathrin Berger ist eine der wenigen Ausnahmen, wo wir einer solchen Anfrage nach ehemaligen Klientinnen nachgekommen sind. Wir kennen die Fragen, die betroffene Frauen nach sexuellen Übergriffen beschäftigen, und wissen um die Verunsicherung, mit denen die Krise nach einer solchen Gewalttat einhergeht. Zu diesem Thema gibt es viel Fachliteratur. Ein Buch aus der Sicht von Betroffenen, in dem ihre Fragestellungen und ihre Form zu überleben zum Thema gemacht werden, schien uns auf jeden Fall unterstützungswürdig. Ein wichtiges Kriterium war zudem, dass die Autorin sich als Betroffene dem Thema annäherte und die Verletzlichkeit, die sexualisierte Gewalt auslöst, selber kennt und erfahren hat.

Deshalb schrieben wir ehemalige Klientinnen an und legten einen Beschrieb des Buchprojekts bei. Es wurden Frauen kontaktiert, bei denen wir davon ausgehen konnten, dass sie sich zwischenzeitlich stabilisiert hatten und die Teilnahme am Projekt keine erneute schwere Krise auslösen würde, und von denen wir wussten, dass sie sich nicht uns zuliebe für eine Teilnahme entscheiden würden. Bei allen Beteiligten liegt die Vergewaltigung mindestens ein Jahr zurück, zwischen dem Trauma und dem Interview liegt gelebtes Leben, über das sie in den Gesprächen viel erzählen konnten.

Kurz nach einer Vergewaltigung durchleben die Frauen eine schwere Krise, in der vor allem das Weiterleben gesichert werden muss. Um diesen Prozess zu unterstützen, arbeiten wir vor allem daran, zusammen mit den Opfern nach ihren Stärken und Fähigkeiten zu suchen. Während dieser schwierigen Zeit wäre es schädigend und retraumatisierend, sich schwerpunktmässig mit der Tat und den durch sie ausgelösten Ohnmachtsgefühlen auseinanderzusetzen. Betroffene brauchen in dieser Phase Schutz und ein Gegenüber, das sehr sorgfältig mit ihrer Verletzlichkeit umzugehen weiss. Erst nach einer gewissen Zeit der Stabilisierung wird es möglich, das Erlebte in den Kontext der eigenen Lebensgeschichte zu stellen. Wie sinnvoll dieser Austauschprozess mit andern Betroffenen sein kann, zeigen die Berichte der einzelnen Frauen in diesem Buch. Neben Gemeinsamkeiten kommen die ganz eigenen, individuellen Kämpfe und Überlebensstrategien zum Ausdruck. Es wird Frauen, die sich noch in der Krise befinden und sich kaum vorstellen können, was morgen sein wird, Mut machen.

Beim Lesen der einzelnen Interviews und des Vorworts fällt auf, dass vier von sechs Tätern Fremde sind. Daraus zu schliessen, dass Frauen vor allem durch Fremde vergewaltigt würden, wäre falsch. Sämtliche uns bekannten Statistiken sagen aus, dass 80 bis 85 % der vergewaltigten Frauen den Täter kennen. Es sind Partner, Expartner, Arbeitskollegen, Nachbarn, Mitschüler, Bekannte aus dem Sportverein, Bekannte aus dem Ausgang etc. Je besser eine betroffene Frau den Täter kennt, umso schwerer fällt es ihr, über den sexuellen Übergriff zu sprechen. Sie schämt sich, dass sie einem solchen Mann vertraut, ihn als Arbeitskollegen geschätzt, ihn vielleicht sogar geliebt, mit ihm zusammen gelebt, Kinder mit ihm hat. Die Sinnkrise nach einer Vergewaltigung durch einen Bekannten ist geprägt von einem grossen Verlust in die eigene Menschenkenntnis. Die Welt erscheint feindlich und nicht einschätzbar. All diese Faktoren erschweren es, mit der Tat fertig zu werden und sie irgendwann ins eigene Leben zu integrieren.

Was bedeutet es, dass vier der sechs in diesem Buch zu Wort kommenden Frauen von Ausländern vergewaltigt wurden, zwei davon im Ausland? Sind ausländische Männer gefährlicher und ist es besser, nicht mehr ins Ausland zu reisen?

Wir erheben keine Statistik, die Auskunft über die Nationalität der Täter geben würde. Durch den Kontakt mit unseren Klientinnen erfahren wir jedoch meistens, woher die Täter kommen. Es sind Migranten, die ihre Partnerinnen derselben Nationalität vergewaltigen, Migranten, die Schweizerinnen vergewaltigen. Es sind schweizerische Täter, die Schweizerinnen vergewaltigen, und

Schweizer, die Ausländerinnen vergewaltigen. Das Verhältnis der einen Gruppe zur andern schwankt von Jahr zu Jahr und lässt keine Aussage darüber zu, die belegen würde, dass Ausländer eher bereit sind, eine Sexualstraftat zu begehen als Schweizer. Damit Sexualstraftäter erfasst werden können, mussten sie angezeigt werden. Angesichts der Tatsache, dass gerade viele Straftaten, die im sozialen Umfeld begangen werden, nicht zur Anzeige kommen, lässt das Resultat von Kriminalstatistiken auch wieder keine wirklich sinnvollen Schlüsse zu. Zudem ist erwiesen, dass gut beleumundete Schweizer weniger oft angezeigt werden als ausländische Staatsangehörige. Es ist ein immer wiederkehrendes Dilemma, wenn wir um unsere Meinung zur Kriminalstatistik gefragt werden. Es geht uns nicht darum, Fakten schön zu reden. Gleichzeitig ist es nicht dienlich, wenn aufgrund der Interpretation dieser Statistik ausländerfeindlichen Tendenzen Vorschub geleistet wird. Diese treffen in einem grossen Ausmass auch unsere Klientinnen, die als Migrantinnen hier leben. Wir haben schweizerische Klientinnen, die mit rassistischen Gefühlen auf die Vergewaltigung durch einen Ausländer reagieren – und sehr darunter leiden.

Angesichts der verhältnismässig kleinen Anzahl von Klientinnen, die im Ausland vergewaltigt wurde, kann nicht gesagt werden, dass die Gefahr, einen sexuellen Übergriff im Ausland zu erleiden, besonders gross ist. Geschieht jedoch eine solche Tat, kommt die Tatsache dazu, dass die betroffene Frau in den meisten Fällen kein soziales Netz oder die vertraute Umgebung, die Sicherheit geben kann, zur Verfügung hat.

Beim Lesen der einzelnen Texte war ich tief beeindruckt von der Kraft der Frauen. Ich staune immer wieder über den unbändigen Willen von Betroffenen, sich ihr Leben zurückzuerobern und aus der Opferposition herauszukommen. Ich hoffe, dass dieses Buch in dem Sinne Betroffenen und ihren Angehörigen Unterstützung geben kann.

Barbara Schmidiger
Ergotherapeutin, Beraterin SGGT
Beratungsstelle Nottelefon Zürich

«Das Leben ist nicht mehr, was es früher einmal war.»

«Das Schlimmste war, dass ich mir selbst immer wieder wie eine Täterin vorkam. Nie als Opfer. Ich erzählte zum Beispiel einer Freundin davon, und sie weinte sich fast die Augen aus! Und dann fühlte ich mich schuldig und mies, weil sie nicht damit umgehen konnte. Und doch hatte ich das Gefühl, ich sei es meinen Freundinnen schuldig, davon zu erzählen, denn ich war ja nicht mehr dieselbe wie vorher.»

Anita wurde vor vier Jahren an ihrem Arbeitsplatz von einem Fremden vergewaltigt. Sie war zur Tatzeit 47 Jahre alt, lebte seit drei Jahren in einer Partnerschaft «mit Hochs und Tiefs, wie das in Beziehungen so ist», und führte seit sechs Jahren ihr eigenes florierendes Reisebüro. Ihr Partner verliess sie zwei Tage nach der Vergewaltigung. Drei Jahre später ging sie in Konkurs. Zurzeit arbeitet sie mit einem 30 %-Pensum an der Rezeption eines Schwimmbads. Ihr Leben hat sich seit der Vergewaltigung grundlegend verändert.

Nicht geschrien
«Als ich am Abend, nachdem es geschehen war, nach Hause kam und meinem Partner davon erzählte, lief es ganz komisch. Er nahm mich nicht in die Arme. Er war wütend, dass ich ihn nicht gleich angerufen hatte – dabei hatte ich doch aus Rücksicht auf ihn darauf verzichtet, weil ich wusste, dass er an einer Sitzung war. Er warf mir vor, nicht gleich zur Polizei gegangen zu sein. Ich sagte, ich wolle das nicht, da ich gehört und auch gelesen hatte, welch grausame Tortur das sei. Und dann, anstatt mich in die Arme zu nehmen, sagte er, er müsse jetzt zuerst mal über alles nachdenken. Er übernachtete dann in dem kleinen Büro, das wir zu unserer Wohnung dazu gemietet hat-

ten. Ich machte die ganze Nacht kein Auge zu. Ich duschte und badete sicher dreimal, warf die Kleider, die ich getragen hatte, in den Abfall; ein paar davon verbrannte ich sogar. Am nächsten Morgen ging ich wieder arbeiten; um neun Uhr hatte ich mein Büro offen.

Im Lauf des Morgens trafen zwei Polizisten und eine Polizistin in Zivil in meinem Büro ein; mein Partner hatte ihnen die Vergewaltigung ohne mein Wissen gemeldet. Ich widersetzte mich zunächst der Aufforderung, Anzeige zu erstatten, doch liess ich mich von der jungen Polizistin schliesslich mit dem Argument überzeugen, dass ich mit einer Anzeige helfen könnte, weitere Vergewaltigungen zu verhindern.»

Das Aufnehmen des Protokolls durch die junge, unerfahrene Polizistin, eine vierstündige Prozedur, erlebte Anita als quälend lang. Die anschliessende Untersuchung im Spital, obwohl von mitfühlenden Ärztinnen, die ihre Betroffenheit zeigten, durchgeführt, war «ganz schlimm».

«Ich lag auf diesem Stuhl, den keine Frau gerne mag, und das Blut lief nur so heraus. Die Ärztin sagte, das sei normal, das sei eine häufige Schockreaktion nach einer Vergewaltigung. Und dann kam auch noch die Polizistin und sagte, sie müsse das fotografieren. Ihr sind dabei die Tränen hinuntergelaufen, mir sind die Tränen hinuntergelaufen, uns beiden ging es ziemlich schlecht. Und ich sah, dass es auch den Ärztinnen an die Nieren ging, obwohl sie das nicht zum ersten Mal machten. Das überraschte mich. Sie machten nicht nur einen Abstrich, wie ich erwartet hatte, nein – sie rissen mir Haare aus, Kopfhaare und Schamhaare.»

Die ganze Zeit über rief ihr Partner nicht an. «Als ich ihn schliesslich selbst anrief, meinte er nur, ich könne ihm ja telefonieren, wenn ich zu Hause sei; er sei jetzt am Arbeiten. Um fünf kam ich aus dem Spital und fuhr nach Hause. Ich rief ihn an. Er kam vorbei, setzte sich zu mir und unterhielt sich kurz mit mir. Als ich ihn bat, mich in die Arme zu nehmen, sagte er, nein, das könne er nicht.»

Bevor er am selben Abend an die Generalversammlung des Theatervereins ging, in dessen Vorstand sie beide waren, rief er eine Nachbarin an und bat sie, sich um Anita zu kümmern. Bei ihr konnte sich Anita endlich ausweinen.

Am Sonntagmorgen beim gemeinsamen Frühstück im Café forderte Anitas Partner sie auf, ihm von der Vergewaltigung zu erzählen. Anita fühlte sich zu diesem Zeitpunkt dazu aber nicht im Stande und sagte ihm, wie schwer es ihr falle, mit einem Mann darüber zu sprechen. Er erwiderte, er sei doch ihr Partner. «Ich sagte: ‹Du verhältst dich aber überhaupt nicht so.› Ich erzählte ihm dann doch so viel, wie ich konnte, und er sagte: ‹Weshalb hast du dich denn nicht gewehrt, hast nicht geschrien?› Ich hörte den Unterton heraus: ‹Du hast es ja gern gehabt, deshalb hast du dich nicht gewehrt!› Da bin ich aufgestanden und habe ihn im Café sitzen lassen. Zwei Stunden später kam er nach Hause und packte seine Sachen. Er brauche ein Time-Out.

Ich machte später noch den Versuch, ihn für eine gemeinsame Therapie zu gewinnen, doch er wehrte ab und sagte, das würden wir doch selbst schaffen, ohne Therapie, und ich solle aufhören, immer daran zu denken, das Leben gehe doch weiter, und solange das so viel Raum einnehme in meinem Leben, werde ich auch nicht darüber hinwegkommen. Ich müsse vorwärts schauen, an mein Geschäft denken.

Wir sahen uns noch eine Zeit lang ab und zu, denn sein Büro befand sich in der Nähe meiner Wohnung, und ich machte ihm ja auch noch seine Wäsche; das vernachlässigte ich natürlich nicht. Ich kämpfte noch eine ganze Weile um diese Beziehung, denn er war ja der einzige Mann, mit dem ich überhaupt hätte darüber reden können. Aber er wollte nicht. Er ist bald darauf mit einer guten Kollegin von mir zusammen gekommen, was mir gleich nochmals weh getan hat. Nachher konnte ich eigentlich niemanden mehr an mich heranlassen.»

Alpträume
Im Spital erhielt Anita einen Medikamente-Cocktail, um sie vor einer möglichen HIV-Infektion durch den Täter zu schützen.

«Sie sagten mir: ‹Sie haben Glück gehabt, innert 72 Stunden kann man diesen Cocktail nehmen.› Ich nahm den dann während zwölf Wochen. Die Haare fielen mir aus, ich konnte nicht mehr essen, musste nur noch erbrechen – innerhalb von acht Wochen nahm ich etwa 16 Kilo ab. Beim Autofahren wurde mir manchmal schwindlig, so dass ich an den Strassenrand fahren musste. Während dieser drei Monate musste ich jede Woche ins Spital zur Blutentnahme, um abzuklären, ob ich einen Virus hätte. In der vierten Woche sagten sie mir, ich hätte einen Virus, aber sie könnten mir nicht sagen, ob es ein HIV-Virus sei, und ich dachte, bingo! Nach diesen zwölf Wochen hiess es dann aber wirklich ‹niet›.»

Da sich der Täter Anita von hinten genähert hatte, konnte sie ihn während der Tat nicht sehen. So wurde der Gang auf die Strasse zum Spiessrutenlauf. «Am Anfang, nach der Vergewaltigung, hatte ich häufig so Aussetzer: Mir wurde es schwarz vor Augen, ich sah nichts mehr. Untersuchungen im Spital ergaben, dass mein Körper aussetzt, wenn mein Unterbewusstsein auf der Strasse jemanden wahrnimmt, der so riecht oder so spricht oder die gleichen Schuhe trägt wie dieser Typ. Ich werde dann fast ohnmächtig. Das habe ich heute noch ab und zu.»

In der Nacht plagte sie der gleiche, immer wiederkehrende Alptraum: «Ich sehe mich drei Treppenstufen hoch in eine Metzgerei hineingehen, wo eine Vitrine mit Fleisch ausgestellt ist. Der Metzger kommt und fragt: ‹Was hätten Sie gern?›, und ich sage immer: ‹Ich möchte, dass Sie mir alle vier Seiten abschneiden, so dass ich ein Neutrum bin.› Er sagt dann: ‹Selbstverständlich, kommen Sie bitte hier nach hinten!› Hier endet der Traum jedes Mal, bevor es blutig wird. Ich habe diesen Traum bis heute ab und zu. Und da es ja nicht möglich ist, dass mir der Metzger meine vier Seiten abschneidet, habe ich seither 35 Kilo zugenommen. Mein Körper speichert jede einzelne Kalorie, und ich fühle mich gesundheitlich schon nicht mehr wohl, aber ich kann im Moment einfach nichts dagegen machen. In der Psychotherapie thematisieren wir das, aber irgendwie ist der Zwanziger noch nicht gefallen oder der Knopf noch nicht aufgegangen, weil meine Seele sich durch diese Gewichtszunahme zu schützen versucht.

Da ich nicht mehr schlafen konnte und diese Alpträume hatte, stand ich oft nachts um eins, zwei auf und putzte drei oder vier Stunden lang. Ich hätte vom Fussboden essen können. Ich putze alles, bis zum allerletzten Löffelchen. Ich erkläre mir das heute so, dass ich einfach irgendwo eine Ordnung brauchte, wo doch in meinem Leben sonst so überhaupt keine Ordnung mehr war. Im Büro herrschte dafür im hinteren der zwei Räume ein totales Chaos. Ich brauchte diese beiden Gegensätze extrem.

Dazu kam, dass ich nach der Vergewaltigung nicht mehr in meinem Schlafzimmer schlafen konnte. Das ist bis heute so. Ich schlafe seither im Wohnzimmer auf dem Sofa. Zuerst dachte ich, das hänge vielleicht mit den Erinnerungen an meinen Exfreund zusammen. Eine Kollegin kam vorbei und räucherte die ganze Wohnung aus. Ich warf alles weg, was mich an ihn erinnerte, kaufte ein neues Bett, strich die Wände blau, nähte neue Vorhänge – das Zimmer ist ein Bijou, aber ich kann darin nicht schlafen. Ich vermute, es hat damit zu tun, dass das Schlafzimmer mit Sex in Verbindung steht. Es ist mein Kleiderzimmer, ein begehbarer Schrank und nach wie vor schön aufgeräumt, aber schlafen tu ich im Wohnzimmer, seit vier Jahren. Es ist verrückt.

Ich konnte auch nicht mehr fernsehen. Jedes Mal, wenn ich mir einen Liebesfilm ansah, musste ich den Kanal wechseln – ich ertrug die banalsten Filme nicht mehr. Früher mochte ich Rosamunde-Pilcher-Filme. Aber ich ertrug es nicht mehr zu sehen, wie zwei Menschen sich küssten. Das geht mir heute noch manchmal so. Ich glaube, es tat mir weh, diese Idylle zu sehen. Auch wenn ich das im Moment selbst gar nicht möchte. Ich habe kein Bedürfnis danach. Ebenso ertrage ich Krimis nicht mehr, wegen der Gewalt. Oder das Kino: Früher liebte ich diese hintergründig-tiefgründigen Filme, die kann ich seither auch nicht mehr anschauen.

Konzertbesuche sind ebenfalls schwierig. Heute kann ich wieder ab und zu in ein klassisches Konzert gehen oder ins Theater, weil die Stühle dort schön regelmässig gestellt sind. Ich bin früher gerne an Popkonzerte gegangen, doch das ist unmöglich geworden, weil ich Menschenmassen absolut nicht mehr ertrage, seien das Männer oder Frauen. Aus dem gleichen Grund verliess ich den Theaterverein von einem Moment auf den anderen. Ich hatte damals bereits seit zehn Jahren Theater gespielt. Ich war früher gerne unter vielen Leuten, konnte auch allein sein in Gesellschaft, es war mir wohl. Die Vergewaltigung hat das Leben sehr eingeschränkt und eingeengt.

Es fällt mir heute schwerer, meine Kräfte einzuteilen. Ich könnte wochenlang nur im Pyjama herumhängen, wenn es mir nicht gut geht. Während ich früher jedes Wochenende Angst hatte, keine Verabredung zu haben, ist es mir jetzt am liebsten, wenn gar niemand anruft – nach mir die Sintflut. Es kommt vor, dass ich das Telefon einfach schellen lasse – dabei war ich doch solch eine Schwatzbase. Arzttermine schiebe ich wochenlang vor mir her oder leere den Briefkasten nicht. Ich merke auch, dass ich nicht mehr gleich viel Energie habe wie früher. Wenn ich an einem Tag viel gearbeitet habe, mag ich am darauf folgenden Tag kaum etwas unternehmen. Nach wie vor tut es mir allerdings gut, wenn jemand zu mir kommt, um sich auszuweinen, und ich mit einem Rat helfen kann. Gebraucht zu werden, ist nach wie vor ein zentrales Thema für mich.»

Anita beschäftigt auch, dass sie sich seit der Tat plötzlich hilflos erlebt in Situationen, in denen sie sich früher zu behaupten wusste. Sie beschreibt das am Beispiel einer Begegnung mit einem jungen Bankvertreter, mit dem sie kurz vor ihrem Konkurs zu tun hatte. Früher hätte ich mit dem diskutiert. Aber der kam herein, und ich merkte plötzlich, dass im Leben an allen wichtigen Stellen Männer sind und dass ich mit denen überhaupt nicht reden kann. Ich sagte zu ihm: ‹Dann machen Sie doch, was Sie wollen, wenn Sie das Gefühl haben, Sie seien was Besseres›, oder so ähnlich. Ich reagierte auf eine für mich atypische Weise. Ich kann nicht mehr so gut kämpfen, mich nicht mehr wehren. Und zweifle dann oft an mir selbst.»

Freundschaften

Die Reaktionen in ihrem Freundeskreis und ihrer Familie waren sehr unterschiedlich: «Die einen Freundinnen weinten und nahmen mich in die Arme. Andere waren vollkommen paralysiert, wie ich es ja auch war, und konnten nichts sagen, und im Lauf der Zeit merkten sie dann, dass sie mit mir nicht mehr so viel anzufangen wussten. Sehr gute Freundinnen riefen plötzlich nicht mehr an oder nur noch ganz sporadisch. Bei anderen wiederum war es genau umgekehrt: Eine Freundin, der ich eigentlich gar nicht besonders nah gestanden habe und die zehn Jahre älter ist als ich, war immer da für mich. Sie zwang mich häufig fast dazu, etwas in die Natur hinauszugehen und mit ihr laufen zu gehen. Es gab Tage, an denen gingen wir einfach nur nebeneinander her und sprachen nicht darüber, und es gab Tage, da konnte ich darüber reden, und sie hörte mir zu. Es war schön; sie hat sich mir angepasst, und das hat mir unendlich gut getan.

Andere musste ich loslassen. Eine Freundin hatte eine ähnliche Einstellung wie mein Exfreund: Irgendwann sei das ja dann mal vorbei, und es gebe noch viel Schlimmeres auf der Welt, meinte sie. Sie hat Recht: Natürlich gibt es noch Schlimmeres auf dieser Welt, aber das habe ich zu entscheiden, und nicht sie! Wir haben nur noch sehr losen Kontakt.

Ich musste auch einsehen, dass ich Freundschaften mit Frauen, die verheiratet sind und Familie haben, nicht mehr ertrug. Es tat mir weh, wenn ich sie besuchte und diese Idylle sah mit Mann und Kindern. Ich habe schweren Herzens losgelassen, obwohl ich sie immer noch sehr gern mag. Die Freundschaften mit den Frauen hätte ich gerne aufrechterhalten, doch konnte ich mit ihren Familien nicht umgehen. Ich habe bloss noch eine Freundin, die Familie hat; ich bin Patin eines ihrer Kinder, und wir haben schon viel Schweres zusammen durchgemacht. Sie verlor ihren Bruder zur selben Zeit, als ich meine beste Freundin, die unheilbar an Krebs erkrankt war, bis zum Tod begleitete. Dadurch, dass wir schon so viel geteilt haben, kann ich auch mit ihrer Familie umgehen.

Mein Freundeskreis ist kleiner, aber kostbarer geworden. Ich habe seither auch neue Freundschaften geschlossen. Letztes Jahr zum Beispiel machte ich eine Ausbildung zur Heilerin – ich wollte mich mit Spiritualität befassen. Dort habe ich neue Freundinnen gefunden. Es hilft, selbst etwas Neues anzufangen. Das Schlimme ist nur: Manchmal möchtest du das zwar, aber es fehlt dir die Kraft, der Mumm, den Telefonhörer in die Hand zu nehmen.»

Familienbande
Ihren Brüdern erzählte Anita ein halbes Jahr nach der Vergewaltigung, was ihr widerfahren war. «Sie haben es zur Kenntnis genommen, und es hat ihnen Leid getan. Aber sie haben sich dann mehr auf meinen Exfreund konzentriert, was der für ein lausiger Typ sei, mich so sitzen zu lassen. Dafür konnten sie mehr Verständnis aufbringen als für die Vergewaltigung. Darüber reden konnte ich eher mit meinen Schwägerinnen; sie waren rührend.

Meiner Mutter erzählte ich erst zweieinhalb Jahre später von der Tat. Sie nahm es eigentlich gut auf – sie sah ja auch, dass ich schon ein Stück weit darüber hinweg war und nicht gleich das Handtuch geschmissen hatte, dass ich weiterkämpfte. Meine Mutter ist ein Goldschatz. Sie hat gemerkt, dass es mir finanziell nicht gut geht, und obwohl sie von der AHV lebt, schenkt sie mir immer wieder irgendetwas, zum Beispiel Öl für mein Auto oder die neue Autobahnvignette. Das schätze ich sehr.

Ein besonderes Erlebnis war für mich das vor kurzem gemeinsam mit der Mutter verbrachte Wochenende, an dem wir gemeinsam ihre Wünsche in Bezug auf ihre Beerdigung besprachen und schriftlich festhielten. Ich verspürte das starke Bedürfnis, dasselbe auch für mich selbst zu tun, und der Austausch mit meiner Mutter hat mich sehr bewegt. Ich bin allein stehend, und sollte mir etwas zustossen, wüsste ja gar niemand, was ich gerne möchte. Wir beschlossen beide, dass wir auf dem Baumfriedhof im Ort beerdigt werden möchten. Es tönt makaber, aber es war ein ganz schönes Wochenende. Das sind so Sachen, die ich früher nicht gekonnt hätte.

Zu meinem Vater habe ich seither ein sehr schlechtes Verhältnis. Als ich es ihm erzählte, konnte er irgendwie nicht damit umgehen. Ich war die Einzige von uns drei Kindern, die noch regelmässig zu ihm und seiner Frau essen ging und sich um ihn kümmerte, als er krank war. Doch seit der Vergewaltigung weiss er nicht mehr, wie er mit mir umgehen soll. Ich habe fast keinen Kontakt mehr zu ihm. Am Anfang hat mir das weh getan, aber dann wollte ich auch nicht mehr. Er wäre in der Lage gewesen, mir zu helfen, den Konkurs zu verhindern. Doch er tat es nicht. Früher schickte er mir zum Geburtstag immer einen Brief mit einem Hunderternötchen; dieses Jahr schrieb er mir zwar einen Brief, legte aber kein Geld hinein. Das tat weh. Ich sagte mir dann: ‹Gut, mach ich das halt auch noch durch.›

Mittlerweile, ein Jahr nach dem ersten Gespräch, ist Anitas Vater an Lungenkrebs gestorben. «Ich war für ihn da in dieser schweren Zeit. Nun ist das Thema Vater abgeschlossen.»

Darüber reden

Anita wünscht sich sehr, mit anderen betroffenen Frauen über ihre Erfahrungen reden zu können. «Ich kann zwar mit meinen Freundinnen darüber reden, und sie sagen, dass sie mich verstehen, was bis zu einem gewissen Grad auch stimmen mag. Aber sie können das, was in mir vorgeht, nicht wirklich nachvollziehen, und sie verstehen auch nicht, dass die Art und Weise, wie ich reagiere, so anders ist, als ich's mir vorgestellt hatte. Ich war doch immer gern unter Leuten gewesen, und ich hätte nie erwartet, dass ich das plötzlich nicht mehr ertragen würde, nicht einmal dann, wenn es ausschliesslich Frauen sind! Ich hätte auch nicht erwartet, dass ich mit gewissen Frauen nicht würde darüber reden können! Aber das Schlimmste war, dass ich mir selbst immer wieder wie eine Täterin vorkam. Nie als Opfer. Ich erzählte zum Beispiel einer Freundin davon, und sie weinte sich fast die Augen aus! Und dann fühlte ich mich schuldig und mies, weil sie nicht damit umgehen konnte.»

Dank der befreundeten Nachbarin, die sich am Tag nach der Vergewaltigung als Erste um sie kümmerte, rang sich Anita sechs Monate später dazu durch, sich ans Nottelefon zu wenden. Ein weiteres halbes Jahr später begann sie eine Psychotherapie. Sie meint dazu: «Ich bin dankbar, dass sie nicht locker gelassen hat. Ich hätte schon viel eher gehen sollen. Doch war ich schon immer eine, die dachte, sie schaffe alles allein. Ich hätte es allerdings sehr geschätzt, mich ein halbes Jahr oder ein Jahr später in einer Gruppe mit Frauen austauschen zu können, die das auch erst kürzlich hinter sich hatten. Es hätte mir geholfen, zu wissen, ob ich mit meinem manchmal seltsamen Verhalten normal bin. Ob es natürlich ist, Angst davor zu haben, das Telefon abzunehmen, den Briefkasten zu leeren, Zahlungen zu machen, obwohl das Geld da ist – komische Sachen! Klar kannst du das mit der Dame von der Beratungsstelle besprechen, und klar kann sie dir sagen, die meisten Frauen hätten nach zwei Jahren wieder irgend so einen Zusammenbruch – und es ist ja nicht so, dass ich ihr nicht glaube! Aber es wäre eben trotzdem viel schöner, mit einer Frau zu reden, die es selbst auch erlebt hat und der es auch so geht. Beim Nottelefon sagten sie mir, dass die Betroffenen erst zwei bis drei Jahre später darüber reden können, aber ich, und vermutlich noch andere Frauen, hätten gerne früher darüber gesprochen. Ich kann mir vorstellen, dass Frauen, die weder zu einer Beratungsstelle gehen noch sich bei der Polizei melden, in so eine Gruppe gehen würden, auch anonym, einfach nur, um miteinander darüber zu reden. Und ob eine drei Monate nach der Vergewaltigung kommt oder erst nach zehn Jahren – das Leben ist nicht mehr das, was es früher war. Vielleicht könnten auch ältere Frauen den jüngeren einen Rat geben. Ich denke, das wäre sehr wichtig.»

Schlussstriche und Neuorientierung
Anita harrte ein weiteres Jahr in ihrem Geschäft an der Lokalität, an der sie vergewaltigt worden war, aus. Doch verging ihr zusehends die Freude. «Ich merkte, dass ich anfing, das Geschäft zu vernachlässigen und dass es mir eigentlich recht war, wenn niemand hereinkam. Vor allem, wenn Männer hereinkamen, war ich in Alarmbereitschaft.»

Auf der gegenüber liegenden Strassenseite befand sich ein Lokal, das von Männern aus der Türkei und dem Balkan frequentiert wurde, und Anita fühlte sich oft von deren Blicken und anzüglichen Bemerkungen belästigt. Da der Mann, der sie vergewaltigt hatte, mit ausländischem Akzent gesprochen hatte, vermutete sie, dass er einer der Gäste jenes Lokals gewesen war.

«Der, der mich vergewaltigt hat, sprach gebrochen Deutsch – ‹Du nicht schreien, sonst ich dich bringen um!›, so ähnlich –, und am Anfang hätte ich wirklich auf alle Männer, besonders aber auf jene dieser Nationalitäten, mit dem Maschinengewehr losgehen können. Das hat mir Angst gemacht, weil ich immer ein weltoffener Mensch gewesen bin und durch meine Arbeit in der Reisebranche mit Menschen aller Nationalitäten Kontakt hatte. Mittlerweile muss ich sagen, dass ich auf bestimmte Länder sehr schlecht reagiere. Ich will das gar nicht, aber irgendwie ... lässt es sich nicht vermeiden. Wenn irgendwo im Balkan etwas passiert, denke ich: ‹Ach, das sind ja nur ...›. Es macht mir Angst, dass ich so geworden bin.»

Als die Damenschneiderei im gleichen Haus auszog und sie selbst zusehends weniger Kundschaft hatte, beschloss sie, das Büro nach Hause zu verlegen. Doch musste sie sich mit der Zeit eingestehen, dass auch der Umzug ihres Geschäfts an der Situation nicht viel änderte. Ausserdem fühlte sie sich von den Kunden und Kundinnen in ihrer Privatsphäre gestört. «Ich merkte, dass ich mein Reisebüro immer noch mit der Vergewaltigung verband. 26 Jahre lang hatte ich in der Reisebranche gearbeitet, und jetzt stellte ich fest, dass ich mich mit diesem Beruf überhaupt nicht mehr identifizieren konnte. Ich liess es schlittern, bis ich dann Konkurs anmelden musste.

Im Nachhinein muss ich sagen, dass ich mein Büro am besten gleich geschlossen hätte. Zugeben ist oft erst im Nachhinein möglich. Ich wollte ja nicht, dass der, der mich vergewaltigt hatte, gewinnt – der hatte mich sowieso schon völlig gestraft, indem er mein Privatleben durcheinander brachte, und ich wollte nicht, dass er auch da noch siegt. Ich wollte eigentlich kämpfen und konnte mir lange nicht eingestehen, dass ich nicht fähig war, das durchzustehen. Ich hatte das Gefühl, stark zu sein und das zu schaffen!

Das möchte ich anderen Frauen mitgeben, denen es am Arbeitsplatz passiert ist: Es ist besser, gleich unmittelbar danach einen Schlussstrich zu ziehen. Damals hätten die Leute auch viel besser verstanden, weshalb ich schliesse, ich hätte auch nicht in Konkurs gehen müssen. Ich glaube, es wäre mir überhaupt einiges erspart geblieben. Aber ich wollte halt einfach nicht aufgeben.»

Der Gang zum Konkursamt fiel Anita schwer. «Hätte ich das Nottelefon nicht gehabt, wäre ich heute noch nicht so weit, den Konkurs anzumelden. Sie stellten mir eine Anwältin zur Verfügung. Es blieb mir gar kein anderer Ausweg. Stempeln gehen konnte ich nicht, da ich selbständig gewesen war.

Ich fände es ganz wichtig, dass jenen Frauen, die selbststandig sind, finanziell geholfen würde. Ich habe ja erst eineinhalb Jahre, nachdem es passiert war, den Opferhilfeantrag gestellt, auf gutes Zureden meiner Betreuerin hin. Und dann musste ich fast ein Jahr lang warten und bekam ganze 6000 Franken zugesprochen. Mit diesem Geld kam ich nirgends hin, denn nur schon die Kleider, die Umzugskosten, die Computer, das neue Briefpapier überstiegen diese 6000. Im Brief der Opferhilfe stand dann noch – und das fand ich ganz brutal – ich sei ja nicht so schlimm dran wie eine Frau, die mehrfach vergewaltigt worden sei – in diesem Fall hätte ich 8500 Franken bekommen – oder eine, die zusätzlich noch krankenhausreif geschlagen worden sei – da hätte ich etwa 10000 bekommen. Das gab mir gleich nochmals das Gefühl, die Letzte zu sein. Ich bin immer noch am Kämpfen mit der Opferhilfe meines Kantons wegen der Übernahme der Therapiekosten. Ich musste die Therapie vorübergehend abbrechen, weil sie nicht zahlten. Sie fanden, ich hätte es nicht nötig. Ich hoffe jetzt, dass ich durch meine Anwältin eine Kostengutsprache erhalte. Ich habe zum Glück eine liebe Therapeutin – sie hat noch nie Geld von mir bekommen, und trotzdem kann ich wieder zu ihr gehen; sie hat gesagt: ‹Kommen Sie, Frau M., das Geld lassen wir Geld sein.›»

Anita würde sich gerne im sozialen Bereich ausbilden lassen, doch fehlt ihr das Geld für Umschulungskurse, die sie aufgrund ihrer ehemaligen selbstständigen Tätigkeit selbst berappen müsste. Es sei allerdings auch schwierig, das Richtige zu finden, so lange es ihr psychisch noch nicht gut gehe. Sie wünscht sich eine Schwesterorganisation des Nottelefons, die vergewaltigten Frauen bei einer beruflichen Neuorientierung und zur finanziellen Überbrückung unter die Arme greifen würde. «Es müsste ein solches Büro geben, an das sich betroffene Frauen wenden könnten und wo ihnen Umschulungsmöglichkeiten angeboten würden, damit sie nicht durch die Maschen fallen. Heute sind ja relativ viele Frauen selbstständig, und wenn dann der Antrieb, der Motor plötzlich fehlt, geht die Firma nun einfach mal Konkurs.»

Die Arbeit im Hallenbad, insbesondere der Kontakt mit Kindern, Jugendlichen, Betagten und Behinderten, gefällt ihr. Ein weiterer Vorteil: «Ich habe viel mit Menschen zu tun, und gleichzeitig steht ein Korpus zwischen ihnen und mir.»

Männer
«Männer sind mir eigentlich gleichgültig geworden. Ich höre so viel Negatives, das war schon früher so, und wenn ich mitbekomme, was

meine Kolleginnen durchmachen mit Männern, muss ich sagen: Nein danke, das brauche ich nicht mehr. Ich bin froh, dass ich im Moment kein Bedürfnis nach einer Beziehung habe. Manchmal macht mir das auch etwas Angst, und ich frage mich, ob der Wunsch nach Nähe zu einem Mann je wieder zurückkehren wird. Ich frage mich, ob es damit zu tun hat, dass ich mich schütze, weil ich so zugenommen habe. Ich kann es nicht sagen. Aber das ist natürlich eine Wahnsinnsveränderung.

Ich ertrage auch nicht mehr, dass die Männer meiner Freundinnen mich zur Begrüssung umarmen und mir ein Küsschen links, ein Küsschen rechts geben. Ich konnte diesen Männern auch nicht sagen, was mir zugestossen war, das mussten jeweils meine Freundinnen für mich tun. Die einen taten es, die anderen nicht. Früher sind wir auch oft zu viert weggegangen, als zwei Pärchen, oder auch ich mit einem Pärchen, das kann ich heute nicht mehr.»

Ein halbes Jahr nach der Vergewaltigung und nach der Trennung von ihrem Exfreund lernte Anita wieder einen Mann kennen, einen ehemaligen Kunden. Er sagte, er lebe in Trennung, und Anita sah keinen Grund, das zu bezweifeln. «Ich habe nie nachgefragt. Für mich war klar: Felix bringt seine Geschichte mit, ich meine, und gemeinsam fangen wir jetzt eine neue an.»

Als sich zwischen ihnen ganz sachte eine Liebesbeziehung entwickelte, hoffte Anita, durch ihn wieder etwas Vertrauen zurückzugewinnen. «Er hat unendlich Rücksicht genommen. Zuerst hat er lange einfach nur meine Hand gehalten, dann mir vielleicht mal ein Küsschen gegeben – ich glaube, wir haben erst etwa nach neun Monaten miteinander geschlafen. Er war sehr behutsam und sagte mir, er sei noch nie im Leben so geliebt worden wie jetzt von mir, und er freue sich auf unsere gemeinsame Zukunft. Ich habe nie nach seiner Familie gefragt; ich wusste nur, dass er zwei Kinder hat. Es ging in dieser Beziehung auch nicht in erster Linie ums Sexuelle. Was er bei mir gefunden hat, war ja nicht Sex, sondern Geborgenheit.»

Eineinhalb Jahre später kehrte er zu seiner Frau zurück. «Die Art und Weise, wie er sich von mir trennte, war für mich nochmals eine Vergewaltigung, aber eine psychische. Er hat sich nicht gross gerechtfertigt. Ich rief ihn kurz darauf nochmals an, und er sagte, er müsse jetzt dafür leiden, was er getan habe. Er, nicht ich! Er weinte und sagte: ‹Weshalb habe ich dich nicht früher getroffen!› und was weiss ich. Es war ganz schlimm. Nachträglich hat mich seine Frau wochenlang telefonisch belästigt. Er hat sich nie mehr gemeldet. Ich bin dann wirklich in ein Loch gefallen, es war mir eigentlich alles egal.

Früher war ich nie gern allein und hatte mehrere langjährige Beziehungen. Ich war immer ein wenig der mütterliche Typ – bemutterte meine Partner gern, bekochte und verwöhnte sie. Seit der Vergewaltigung habe ich vor absoluter Nähe Angst. In dieser Hinsicht habe ich mich stark verändert. Früher fand ich es schön, 24 Stunden am Tag zusammen zu sein. Das kann ich mir heute nicht mehr vorstellen.»

Anita wünscht sich, wenn überhaupt, eine Beziehung, die viel Freiraum lässt. In dieser Hinsicht haben die Vergewaltigung und der Liebesentzug durch den Partner im Augenblick der grössten Not deutliche Spuren hinterlassen.

«Ich könnte mir gut vorstellen, eine Fernbeziehung zu führen – mit jemandem zusammen zu sein, ihn jedoch nicht die ganze Zeit um mich herum zu haben und mich nicht immer damit beschäftigen zu müssen, dass er mit mir schlafen will. Ich weiss nicht, ob ich nochmals mit jemandem zusammen wohnen könnte, ausser vielleicht in einem grossen Haus, wo ich mich auch zurückziehen könnte, wenn ich das brauche, oder in zwei separaten Wohnungen. Die Beziehung mit Felix hat mir eigentlich entsprochen in dem Sinn, dass er nicht viel Zeit hatte, und ich genoss es sehr, wenn er einmal in der Woche zwischen zwei Sitzungen für ein paar Stunden zu mir kam und mich in die Arme nahm. Das wäre für mich eigentlich das Ideale.

In einer Partnerschaft ist Sexualität für mich nie das Allerwichtigste gewesen. Wie die meisten Frauen habe auch ich vor dem Sex und nachher gern gekuschelt oder auch einmal einen Kuschelabend gemacht – das vermisse ich sehr, ich kann gar nicht sagen, wie sehr. Mit Felix zusammen habe ich manchmal ganze Abende einfach nur vor dem Fernseher gelegen, und er hat mich einfach nur gehalten. Oder er rief mich kurz an, um zu sagen: ‹Ich habe dich lieb›. Das ist es, was mir wirklich fehlt. Mir scheint, dass nach einer Vergewaltigung Zärtlichkeit und Geborgenheit wichtige Themen sind – in die Arme genommen werden, Sicherheit haben, Nähe und Wärme bekommen. Ich glaube, das haben wir alle unendlich gern. Felix hat mich monatelang nur gestreichelt und gehalten, er war sehr behutsam. Als wir dann miteinander schliefen, war der eigentliche sexuelle Akt meistens sehr kurz, er kam in zwei, drei Minuten, und ich dachte: ‹Gott sei Dank, es ist vorbei›, ich hätte genauso gut darauf verzichten können. Wahrscheinlich habe ich es mehr ihm zuliebe gemacht.

In die Arme genommen werde ich heute zum Glück auch von Freundinnen, das tut mir dann auch gut. Aber Sex... Ich hoffe, das Interesse daran kommt irgendwann wieder zurück. Zugleich ist aber auch immer die wahnsinnige Angst da, auf psychischer Ebene noch einmal vergewaltigt zu werden.»

Was geholfen hat

Anita begann, sich in ihrer Freizeit in einem Verein zu engagieren, welcher schwerst- und langzeitkranken Kindern die Erfüllung spezieller Wünsche ermöglicht. Die Leiterin der Stiftung, die Anitas Situation kannte, kam ihrer Bitte entgegen, sie so oft wie möglich an Wochenenden aufzubieten. So begleitete Anita Kinder und ihre Familien nach Paris, an Konzerte oder auf Rundfahrten mit der Limousine.

«Das hat mir unendlich gut getan. Ich konnte die Liebe, die ich in mir habe und die ich gern meinem Partner gegeben hätte, diesen Familien und diesen Kindern geben, und erlebte aus nächster Nähe, dass es Menschen gibt, die noch schlimmer dran sind als ich. Natürlich hat es mich manchmal auch traurig gemacht, und doch waren mir diese Wochenenden eine grosse Hilfe. Mit vielen dieser Familien bin ich bis heute auch privat in Kontakt. Das ist schon was anderes, als einfach nur zu sagen: ‹Ist doch nicht so schlimm, ist ja schon viele Jahre her›.

Ich hatte auch das Bedürfnis, etwas mit meinen Händen zu tun. Meine Therapeutin schlug vor, eine Maltherapie zu versuchen. Ich brauchte aber etwas Grosszügigeres und bin dann eine Zeit lang in einer Freizeitanlage Schweissen gegangen. Das fand ich ganz lässig! Am liebsten hätte ich mir zu Hause eine eigene Werkstatt eingerichtet! Leider ist das dann im Sand verlaufen, weil mir der Weg dorthin jede Woche etwas zu mühsam wurde. Jetzt habe ich gerade einen Kurs im Steinhauen angefangen.

Ich belegte verschiedene kreative Blumenkurse, da ich gerne mit Pflanzen arbeite und schöne Arrangements mache. Zurzeit beschäftige ich mich mit Homöopathie und Kinesiologie. Es ist schwierig zu sagen, ob ich auch sonst auf diesen Weg gekommen wäre. Aber es ist gut so, wie es ist.»

Ein Jahr nach dem ersten Gespräch arbeitet Anita erstmals wieder 100%, und zwar als Sekretariatsgehilfin. «Ich komme an meine Grenzen, hoffe aber, dass ich es durchstehen kann. Ich hätte so gerne wieder ein ganz normales Leben!»

«Ich habe mich immer dagegen gewehrt, als Opfer gesehen zu werden.»

«In einer Meditation wurde ich mit dem Thema Verzeihen konfrontiert und merkte, dass ich den Tätern noch nicht verziehen habe. Ich kann nicht. Ich frage mich, ob es mir helfen würde zu verzeihen, ob ich dann besser meinen Frieden finden könnte. Doch habe ich akzeptiert, dass es im Moment so ist, wie es ist.»

Katja wurde vor fünf Jahren auf einer Reise in Indien von mehreren Männern vergewaltigt. Ihre Stelle als Lehrerin hatte sie gekündigt; die Reise dachte sie sich als Auszeit, um etwas Abstand zu gewinnen vom Alltag, seinen Gewohnheiten und Gedankengängen. Die Beziehung zu ihrem damaligen Freund bezeichnet sie als «etwas crazy»; sie hatte eingesehen, dass sie beide nicht wirklich zusammen passten, und gefühlsmässig hatte sie sich mit Antritt der Reise bereits von ihm verabschiedet. Katja war damals 26 Jahre alt.

Kämpfen

«Zuerst dachte ich: Ich lasse mir doch diese Reise nicht versauen. Im ersten Moment war ich ziemlich stark. Nur wenn ich nach Hause telefonierte, kamen Gefühle hoch.» Ihr Freund, der geplant hatte, sie in Indien zu besuchen, buchte am gleichen Tag, an dem er von Katjas Vergewaltigung erfuhr, einen Flug nach Delhi. Die ersten beiden Tage nach der Vergewaltigung musste sie jedoch alleine bewältigen.

«Dort, wo es geschah, waren überhaupt keine anderen Rucksacktouristen; ihnen war ich bewusst ausgewichen, weil sie mich nervten. Und in diesem Moment war ich dann natürlich total hilflos. Ich wäre froh gewesen um die Gesellschaft einer anderen westlichen Frau, aber da gab es ausschliesslich einheimische Frauen.

Die halbe Nacht brachte ich damit zu, auf dem Polizeiposten die Täter zu zeichnen und ihre Hautfarbe zu beschreiben, und musste mich wiederholt fragen lassen, was ich an diesem gottverlassenen Ort verloren hätte. Ein Polizist befragte mich morgens um drei Uhr in meinem Hotelzimmer, wobei er sich vor allem für die sexuellen Einzelheiten der Tat interessierte.

Am nächsten Tag ging ich in das Spital, um mich untersuchen zu lassen und eine ‹Pille danach› zu beziehen. Dort hatte ich erstmals mit Frauen zu tun. Mir kamen die Tränen. Doch die Ärztin und die Krankenschwestern lachten mich aus und sagten, ich hätte das doch gewollt. Sie behandelten mich wie eine Hure aus dem Westen. Ich hatte gehofft, dass sie sich ein wenig solidarisieren würden – so im Stil: ‹Diese bösen Männer!›, doch genau das Gegenteil geschah. Ich schloss daraus, dass die Frauen von ihren Männern vermutlich auch vergewaltigt wurden und sie gar nichts anderes kannten. Ihre Reaktion richtete sich nicht speziell gegen mich, sondern war Ausdruck ihrer eigenen Situation.

Die Männer auf dem Polizeiposten hingegen nahmen mich zumindest am Anfang ernst. Ich wehrte mich, zum Beispiel als sie mich nachts um zwei im Jeep, eingeklemmt zwischen vier mit Sturmgewehren bewaffneten Polizisten, zum Hotel zurückbringen wollten, das ganz nahe beim Polizeiposten lag. Ich sagte ihnen, so viele wären wohl nicht nötig, um mich zu bewachen. Einer stieg dann wieder aus, und wir fuhren los. Und als ich am nächsten Tag wieder in einem ganzen Auto voller Leute zu dem Ort, wo es passiert war, gefahren werden sollte, bestand ich darauf, dass eine Frau mitkäme, was dann auch geschah.»

Die Gegenüberstellung mit mutmasslichen Tätern erlebte Katja als belastend. «Als ich auf dem Polizeiposten war, führten sie mir Männer vor: ‹War's dieser? War's jener?› Wenn sie einen der Täter hereingeführt hätten – ich weiss nicht, ob ich mit dieser Situation hätte umgehen können. Die Vorstellung war wirklich Horror. In diesem Moment war ich wahrscheinlich froh, dass sie mir keinen von denen hinstellten.»

Bitter war für Katja, dass sie ihre Anzeige nicht aufrechterhalten konnte. Sie hatte den Tathergang in einem detaillierten, sechsseitigen Bericht beschrieben. Am folgenden Tag wurde sie auf dem Polizeiposten von einem ihr unbekannten Beamten aufgefordert, diese Anzeige zurückzuziehen und umzuformulieren. Begründet wurde das damit, dass die Täter vermutlich sowieso nicht gefunden würden und dass sie, wenn sie auf der Strafverfolgung bestünde, ein Jahr vor Ort bleiben müsse, da sie als Einzige die Täter identifizieren könne.

«Ich war nicht einverstanden, doch wurde ich gezwungen, eine Aussage zu unterschreiben, die eine Verharmlosung des wahren Tathergangs darstellte: nämlich, dass ich belästigt worden war. Das gab mir natürlich kein gutes Gefühl. Ich hatte mich aber bereits entschieden abzureisen. Dass ich das Konsulat hätte anrufen und um Hilfe bitten können, kam mir nicht in den Sinn; es ging alles sehr schnell.»

Katja ist ihrem damaligen Freund dankbar für die Unterstützung, die er ihr in diesem Moment gab. Er nahm ihre Situation ernst und ermöglichte ihr, aus ihrer kämpferischen Stimmung herauszukommen und die Heimreise anzutreten.

«Im ersten Moment dachte ich wirklich, ich müsste allen Frauen helfen, die in der gleichen Situation waren, wie diesen Frauen im Spital – ich wollte etwas für sie tun! Ich wollte kämpfen! Meine eigenen Gefühle und Verletzungen nahm ich nicht wahr. Mein Freund half mir, meine eigene Verletztheit zuzulassen und mir einzugestehen, dass es mir nicht gut ging. Für ihn war der Fall klar; er sagte: ‹Was hast du da überhaupt für Fragen? Klar gehen wir jetzt nach Hause!› Im Nachhinein sah ich das auch ein.»

Rückzug
Das erste halbe Jahr nach ihrer Vergewaltigung und der Rückkehr aus Indien wohnte Katja bei ihrem Freund in dessen Einzimmerwohnung. Sie arbeitete in dieser Zeit nicht, da es ihr psychisch sehr schlecht ging und sie sich diese Auszeit auch bewusst geben wollte.

«Ich sagte mir, dass ich eigentlich auf dieser Reise wäre, und das Geld reichte gerade für ein halbes Jahr. Ich war fast nur zu Hause und versuchte, mich aufzupäppeln. Ich ging einmal pro Woche zum Nottelefon, und ich machte Shiatsu, weil ich nach der Vergewaltigung Mensbeschwerden hatte und mir das Shiatsu diesbezüglich sehr half. Ich malte und las und war einfach für mich. Da die Vergewaltigung in der Dämmerung passiert war, zwischen sieben und acht, konnte ich nach Einbruch der Dunkelheit nicht mehr aus dem Haus.»

In der Anfangszeit verabredete sich Katja daher nur noch tagsüber – dies im Gegensatz zu früher, als sie oft ganze Nächte unterwegs gewesen war. Etwa ein Jahr lang rührte sie auch keinen Alkohol an; sie wollte nicht riskieren, in eine Situation zu geraten, in der sie die Kontrolle verlieren würde. Einen klaren Kopf zu haben, verlieh ihr ein Gefühl von Sicherheit. In Gruppen stiess sie damit manchmal auf Unverständnis.

«Wenn ich zu einem Essen eingeladen war und keinen Wein trank, war es oft so, dass irgendwann alle ausser mir leicht angetrunken waren. Das fand ich dann nicht so spannend und ging nach Hause. Einige dachten zunächst, ich würde sie so nicht akzeptieren, und das stimmte natürlich nicht; ich war trotzdem gerne mit ihnen zusammen. Doch fühlte ich mich eine Zeit lang wohler, wenn ich mich mit einzelnen Personen traf. Etwa eineinhalb Jahre später habe ich dann wieder angefangen, Alkohol zu trinken, auf einer Reise mit einer Freundin. Dort fühlte ich mich das erste Mal wieder frei und unbeschwert.»

Die gewohnten sozialen Kontakte erschöpften Katja anfangs sehr. Sie sah sich gezwungen, sich viel Ruhe zu gönnen, um ihre Kräfte einteilen zu können.

«Ich konnte nicht für den nächsten Tag oder die nächste Woche Dinge vorausplanen, weil ich nie wusste, in welcher Verfassung ich dann sein würde. Eine Freundin zu treffen, war total anstrengend für mich. Früher war das anders gewesen – ich hatte eine volle Agenda gehabt und oft am gleichen Tag verschiedene Dinge aneinander gehängt, ohne zwischendurch eine Pause einzulegen. Jetzt war ich darauf angewiesen, zwischendurch nach Hause zu gehen – egal, ob ich zum Beispiel schwimmen gegangen war, jemanden getroffen oder einen Spaziergang gemacht hatte.

Ich war viel allein. Das war neu. Ich hatte das früher nicht so gebraucht. Es war schön und gut, so viel allein zu sein. Ich geniesse das auch jetzt noch – es ist, als würde ich in die Wüste gehen, in die Einsamkeit. Das gibt mir Kraft und Sicherheit.»

Im ersten halben Jahr nach der Tat vermittelte ihr auch das gemeinsame Wohnen mit ihrem damaligen Freund Sicherheit. Sich da, wo sie wohnte, sicher zu fühlen, war für Katja sehr wichtig. Im Rückblick meint Katja, ihr Partner habe sie den Umständen entsprechend unterstützt, so gut er das konnte. Die persönliche Auseinandersetzung mit ihrer Vergewaltigung lehnte er allerdings ab.

«Beim Nottelefon empfahlen sie mir, ihm vorzuschlagen, aufs Mannebüro zu gehen. Er fand aber, er habe das nicht nötig. Wir machten stattdessen eine Paarberatung, doch ging die Beziehung bald auseinander. Ich hatte vor der Reise ja gar nicht damit gerechnet, dass wir nachher noch zusammen sein würden. Als ich aber zurückkam, bei ihm wohnen konnte und er für mich da war, dachte ich: ‹Okay, ich lasse mich darauf ein.› Das hiess für mich aber auch, dass wir zusammen etwas aufbauen würden. Ich gab mich der Illusion hin, mit ihm eine gemeinsame Zukunft zu haben. Das war ja auch das Einzige, woran ich mich in dieser Zeit festhalten konnte.

Unser Zusammensein nahm ein abruptes Ende. Er sagte, ich müsse ausziehen, und zwar sofort. Das war die Realität – es würde nichts werden mit uns. Ich musste ganz schnell eine andere Wohngelegenheit finden. Er kam mich nachher kein einziges Mal besuchen. Die Beziehung hat sich dann wie ausgeplempert.

Ich zog mich noch stärker zurück in dieser Zeit. Meine neue Wohnung war zuoberst im Haus. Ich schrieb meine Klingel nicht an und hatte kein Telefon. Ich wollte unsichtbar sein – als wäre ich gar nicht da. Niemand sollte mich finden können. So fühlte ich mich sicher. Heute sehe ich das genau umgekehrt: Ich möchte mich sichtbar machen, um dadurch besser geschützt zu sein.»

Arbeit
Katja ist ausgebildete Lehrerin. Während mehrerer Jahre arbeitete sie auf ihrem Beruf und belegte nebenher Kurse an einer Tanzschule. In ihrer Freizeit realisierte sie eigene Tanzprojekte. Vor ihrer Reise war sie unschlüssig, wie es beruflich weitergehen sollte. Ein halbes Jahr nach der Rückkehr fühlte sie sich wieder etwas selbstbewusster und suchte eine Stelle als Lehrerin.

«Ich war bald unglücklich damit. Ich sah das Leben an mir vorüberziehen, mich alt und unzufrieden werden. Ich verschwendete meine Zeit und wollte doch etwas aus meinem Leben machen! Ich bewarb mich an der Fachhochschule für Soziale Arbeit. Ich dachte, persönlich schon ziemlich weit zu sein und die Vergewaltigung überwunden zu haben. Doch ich musste feststellen, dass das überhaupt nicht stimmte. Ich bestand die Zulassung nicht. Sie sagten mir, ich solle in zwei Jahren wiederkommen; persönlich sei ich noch nicht reif genug.

Im Nachhinein erkannte ich, dass ich ziemlich viel von mir forderte. Ich hatte mir erhofft, später in der Entwicklungshilfe arbeiten zu können, zum Beispiel in einem Frauenprojekt, oder mich in der Schweiz ganz konkret für Frauenfragen und die ganze Gleichstellungsthematik einzusetzen. Ich hatte das Bedürfnis, aktiv zu werden für vergewaltigte Frauen oder kriegsgeschädigte Kinder. Ich sah allerdings ziemlich schnell ein, dass ich anderen nicht helfen konnte, wenn es mir selbst nicht gut ging, und dass ich erst mal zu mir selbst schauen musste.

Im Moment gebe ich Deutschkurse für Ausländer und Ausländerinnen. Ich habe ein 70%-Pensum. Einige meiner Schüler haben in der Schweiz noch nie richtig gearbeitet und können ihre Berufe hier nicht ausüben, weil ihre Diplome nicht anerkannt sind. Ein paar von ihnen sind anerkannte Flüchtlinge. Ich glaube, mir helfen meine eigenen Erlebnisse, Verständnis zu haben für ihre Situation.

Mein Umgang mit ausländischen Männern hat sich nicht verändert. Klar, bei den Indern achte ich etwas genauer darauf, wie nahe sie mir kommen. Und ich versuche, nicht zu freundlich sein – es könnte als Einladung missverstanden werden.»

Schuldgefühle und Selbstreflexion

Katja beschäftigt sich bis heute mit der Frage, wie sie die Vergewaltigung hätte verhindern können. Mahnende Bemerkungen ihres damaligen wie auch ihres jetzigen Partners nimmt sie als indirekten Vorwurf wahr.

«Vielleicht sind meine Ohren besonders sensibel, aber wenn jemand sagt: ‹Du musst aufpassen›, oder: ‹Du musst dich so und so verhalten›, klingt das für mich wie eine Schuldzuweisung. Keine meiner Freundinnen hat je so etwas gesagt – immer nur meine Partner. Das bereitet mir bis heute Mühe.

Ich habe nicht das Gefühl, dass ich selber schuld bin. Und doch frage ich mich ab und zu: ‹Was hätte ich anders machen können, um nicht in diese Situation zu geraten?› Ich komme immer wieder zum Schluss: Ich hätte nicht mit denen unterwegs sein dürfen, mich von Anfang an nicht mit ihnen unterhalten, mich nicht auf sie einlassen dürfen. Aber der Verlauf dieser Geschichte war wie eine Spirale, und irgendwann merkte ich zwar, dass es nicht mehr gut war, doch da war es schon zu spät. Ich wollte weg, aber es ging nicht. Es war schon zu spät, lange bevor es passierte.

Früher dachte ich nie, dass mir so etwas widerfahren würde. Ich hatte mein ganzes Leben lang nie Angst vor einer Vergewaltigung gehabt – das war einfach kein Thema! Ich hatte mich nur oberflächlich damit befasst und war der Überzeugung, keine Frau zu sein, die man vergewaltigt. Ich hielt mich für eine starke Frau. Ich war oft unterwegs und auf Reisen und hatte nie ein Problem. Selbst in dem Moment, als sie mich körperlich angriffen, dachte ich noch, die wollen mich ausrauben. Sie packten mich, zwei gleichzeitig, einer oben, einer unten, und ich dachte, die wollen mein Geld. Noch in diesem

Moment kam es mir nicht im Traum in den Sinn, dass die meinen Körper wollten und nicht mein Geld. Erst, als es passierte, dachte ich: Aha ...»

Darüber sprechen
Nach ihrer Rückkehr wollte Katja ihren Eltern von der Vergewaltigung erzählen, fürchtete sich aber davor, Vorwürfe zu hören zu bekommen. Sie war dankbar, dass ihr im Spital mit einem beratenden Gespräch geholfen wurde, diese Hürde zu nehmen. Dort erhielt sie auch eine Broschüre der Beratungsstelle Nottelefon.

«Im Spital konnte ich gleich erzählen, was geschehen war; es war super. Doch seltsam war: Ich erzählte emotionslos, was passiert war, und meine Zuhörerinnen brachen in Tränen aus. Im Spital war es so und auch nachher noch öfters. Sie sagten etwa: ‹Was, das ist ja Horror!›, während ich ungerührt berichtete, so, wie wenn ich die Handlung eines Films, den ich gesehen hatte, nacherzählen würde. Ich glaube, im Moment war ich überwältigt von den eigenen Gefühlen und blockte ab. Es befremdete mich.

Es war dann mein Freund, der meine Eltern anrief und es ihnen sagte, und sie reagierten total gut. Sie machten mir überhaupt keine Vorwürfe, und sie waren entsetzt. Von ihnen erhielt ich Sicherheit und Unterstützung. Ich hätte auch zu ihnen nach Hause wohnen gehen können, wenn ich das gewollt hätte.

Bis heute weiss ich genau, wem ich davon erzählt habe und wem nicht. Schwierig ist es allerdings bei gewissen Freunden von Freundinnen, von denen ich nicht weiss, ob sie's vielleicht von ihrer Freundin erfahren haben. Ich habe ein paar sehr gute Freundinnen aus der aktuellen Zeit und ein paar von früher, die ich nicht so oft sehe, zu denen ich aber ein Vertrauensverhältnis habe, und all denen habe ich es erzählt. Im Ganzen sind es etwa zehn Personen, die es wissen, und viel weiter ist es eigentlich bis heute nicht gegangen. Einige Freundinnen erzählten dann ihre eigenen Geschichten; das waren oft Kindheitsgeschichten, Missbrauch, an denen sie selbst sehr zu beissen haben, und so ist eine gewisse Nähe entstanden. Manchmal habe ich allerdings das Gefühl, dass unsere Gespräche ihnen fast mehr geholfen haben als mir. Bei mir war die Not akut, und ich hatte keine Wahl – ich musste mich dem stellen, ich konnte gar nicht anders, ich musste Therapie machen! Ich probierte alles, damit es mir wieder besser ging. Sie hingegen standen an einem anderen Punkt in ihrem Leben und hatten trotzdem irgendwo einen Haken, der klemmte.

Einige Freundinnen sagten mir, ich könnte sie jederzeit anrufen, wenn ich darüber reden wollte.

Es tut gut, Verständnis dafür zu bekommen, dass ich jetzt etwas anders bin als vorher. Und die Akzeptanz zu spüren, dass es einfach so ist, und ich vielleicht nicht mehr so wild bin wie vorher und vielleicht auch nicht mehr so lustig. Aber dass sie immer noch Sachen unternehmen können mit mir, andere vielleicht, etwas langweiligere, wie zusammen Tee trinken...» Katja lacht.

Katja hat fast ausschliesslich Frauen von ihrer Erfahrung erzählt. Sie vermutet, dass ausnahmslos jede Frau schon sexueller Belästigung – und seien es «nur» anzügliche Blicke – ausgesetzt war und ihr daher Verständnis entgegenzubringen vermag. Die beiden Männer, denen sie davon berichtete, reagierten hilflos. Mit Männern über ihre Vergewaltigung zu sprechen, fällt Katja aber auch deshalb schwer, weil sie befürchtet, dass ihre Worte bei einem männlichen Zuhörer sexuelle Fantasien hervorrufen könnten, auf ihre Kosten.

«Wenn ich einem Mann erzähle, dass eine Gruppe von Männern mich vergewaltigt hat, stellt er sich das vor. Das kann eine erotische, eine sexuelle Vorstellung sein. Und ich will nicht, dass ein Mann sich mich in einer Situation vorstellt, die für mich schlimm war. Ich will ihm diese Fantasie nicht geben! Dazu kommt noch das Gefühl, dass ein Mann sich dann denkt: ‹Ah, das ist eine, die vergewaltigt wurde! Die kann man wieder vergewaltigen!› Das ist meine Angst. ‹Die ist eh schon ein Opfer, ist schon missbraucht worden, da ist's ja egal.› Ich weiss, das ist dumm, aber ich bringe es einfach nicht aus meinem Kopf raus.»

Nicht darüber reden können
«Es kommt vor, dass ich mit Leuten zusammensitze und plötzlich ein Thema da ist – zum Beispiel erzählt einer von einem Autounfall und einem damit verbundenen Nahtod-Erlebnis. Es ist hilfreich, darüber zu reden, und ich würde das auch gerne tun, aber ich unterlasse es dann und fühle mich gehemmt. Denn wenn ich sage, dass ich das auch schon erlebt habe – die Täter haben mir mit den Händen so stark die Luft abgedrückt, dass ich meinen Körper schon fast verlassen hatte und mich daliegen sah – und die anderen genauer nachfragen, dann entsteht eine unangenehme Situation. Ich sage dann: ‹Ja weisst du, auf meiner Reise ...›, und weiss nicht, ob alle Bescheid wissen oder nicht.

Oft denke ich auch, dass ich die anderen nicht belasten will mit meiner Geschichte. So einer schweren Geschichte zuzuhören, ist ja auch anstrengend. Doch fände ich es manchmal schön, wenn ich ein Silbertablett hätte» – sie balanciert ein imaginäres Tablett auf ihrer Handfläche, wie eine Kellnerin – «das ich ihnen reichen könnte. Vielleicht ist es nur ein kleines Silbertablett, und ich bin nicht sicher, ob es gross genug ist, mein ganzes Gewicht zu tragen. Doch lass ich es meistens sein.

Ich brauche sehr viel Ermutigung, um darüber reden zu können – die hundertprozentige Aufmerksamkeit und die Sicherheit, dass es nicht gegen mich verwendet und auch nirgendwohin getragen wird, wo ich's nicht will – schon achtzig Prozent würden wohl nicht reichen. Ich überlege mir genau, wen diese Person sonst noch kennt. Eigentlich ist das schade. Vielleicht würde es Verbindung schaffen und mich weiterbringen.»

Katja beklagt, dass das Thema Vergewaltigung immer noch sehr tabuisiert ist. Sie würde gerne zu mehr Offenheit beitragen, fühlt sich jedoch als Betroffene sehr verletzlich.

«Ich finde es extrem wichtig, dass Grenzen respektiert werden, egal, wo diese sind und auch dann, wenn sie nicht nachvollziehbar sind. Es geht grundsätzlich um Respekt. Wenn ich einmal Kinder habe, wird es mir ein Anliegen sein, das Thema Grenzen und Grenzüberschreitungen zu thematisieren, und zwar nicht nur im Zusammenhang mit Vergewaltigung. Gäbe es diesbezüglich mehr Aufklärung, hätte vielleicht auch ich weniger Mühe, darüber zu reden.»

Verletzte Grenzen

«Am Anfang liess ich mich auf überhaupt nichts mehr ein. Ich glaube nicht, sehr zurückhaltend zu sein; ich bin immer noch offener als viele andere Menschen, aber so, dass ich in sicheren Gewässern bleibe. Ich lasse mich weniger auf die Äste hinaus als vorher, aber in einem guten Mass. Ich habe nicht das Gefühl, gehemmt oder gebremst zu sein, sondern es fühlt sich gut an, so, wie es ist. Vorher war ich wirklich ‹grenzenlos›. Jetzt bin ich etwas erwachsener, etwas vorsichtiger.

Wie gesagt, hatte ich früher nie konkret über Vergewaltigung nachgedacht. Und jetzt gibt es Situationen, wo ich mir überlege:

Könnte der mich vergewaltigen wollen? Und zwar oft, täglich! Nicht so bewusst, das sind so Blitzgedanken, im Alltag, auch bei Leuten, die ich kenne, zum Beispiel bei der Arbeit. Das sind Gedanken, die gleich wieder verschwinden.»

Katjas Umgang mit Grenzen, vor allem auch mit den eigenen Körpergrenzen, hat sich durch die Vergewaltigung verändert. Als Tänzerin war sie es gewohnt, intensiven Körperkontakt mit dem jeweiligen Partner zuzulassen und dabei Sexualität auszuklammern. Sie hatte gelernt, sich innerlich abzugrenzen. Das hat sich mit der Vergewaltigung verändert. Heute unterscheidet sie klarer, in welchem Zusammenhang Berührungen stehen.

«Nähe zuzulassen ist zu einem grossen Problem geworden. Auch im Tram, Zug oder Flugzeug. Ich setze mich immer nur neben den Gang, damit ich ausweichen oder aufstehen und gehen kann. Wenn ich keine Fluchtmöglichkeit habe, bekomme ich Platzangst. Das hatte ich früher nie. Ich fahre seither selten Tram, und wenn, dann stehe ich lieber. Auch in der Schlange in der Migros! Am sichersten fühle ich mich, wenn ich vorne und hinten je einen grossen Rucksack trage.

Menschenmengen sind Horror. An grosse Konzerte gehe ich eigentlich nicht mehr, höchstens, wenn ich am Rand stehen kann, mit der Option, jederzeit wegzugehen. Auch im Kino sitze ich lieber am Rand. Im Tram denke ich oft: ‹Merken die denn nicht, dass sie mir zu nahe kommen?› Aber meistens sage ich nichts, es sei denn, es ist wirklich extrem; in diesem Fall wechsle ich kurzerhand den Platz. Doch gibt es immer wieder Situationen, da unternehme ich nichts und ärgere mich.»

Sexualität

«Ich weiss nicht, wie das gewesen wäre, wenn ich in den Monaten unmittelbar nach meiner Rückkehr keinen Freund gehabt hätte. Wir lebten Sexualität in dieser Zeit, und manchmal war's gut, manchmal nicht und manchmal auch schlimm. Manchmal weinte ich. Das nahm er zunächst noch hin. Doch als ich mit der Zeit anfing, mich zu verweigern, wurde das für ihn zu einem Problem. Am Anfang verweigerte ich mich weniger, weil ich fand, ich müsse über diese Schwelle hinüber und wolle nicht von jetzt an auf Sexualität verzichten müssen! Ich pushte mich auch selbst. Als ich anfing, nein zu sagen, gab's Ärger. Es war für ihn vermutlich unverständlich, denn anfangs hatte ich ja mitgemacht. Das führte zu grossen Konflikten, die auch auf die Beziehung Auswirkungen hatten. Er sagte, dass er in diesem Fall nicht mehr mit mir im gleichen Bett schlafen könne. Er ertrage es nicht, wenn eine Frau neben ihm liege, die ihn ablehne. Er fing an, die ganze Nacht aufzubleiben, was mich völlig fertig machte, denn ich hätte eigentlich jemanden gebraucht, der mich in den Arm nahm. Genau das, was ich brauchte, nämlich Wärme, konnte er mir nicht geben. Ich brauchte keinen Sex, sondern nur Nähe. So ist es manchmal auch jetzt noch. Manchmal will ich nur Wärme, etwas gehalten werden, nichts weiter.

Beim Sex kamen manchmal Erinnerungen hoch. Mein Körper fühlte sich dann steif an; ich verfiel in Totenstarre. Das erlebe ich heute noch manchmal. Es kommt auch jetzt noch vor, dass ich in Tränen ausbreche, nein sage und dann alles wieder hochkommt. Aber schlecht ist es für mich nicht, wenn diese starken Gefühle aufkommen. Es ist anstrengend, sie zuzulassen, aber es ist auch gut, denn so kann sich wieder etwas lösen. Ich kann das akzeptieren.

Ich glaube nicht, dass sich meine Einstellung zur Sexualität verändert hat. Ich sage jetzt einfach viel klarer, was ich brauche. Ich stehe viel mehr dazu, dass ich manchmal nur Wärme will und keinen Sex haben kann. Vorher habe ich mich eher noch darauf eingelassen, wenn der Partner mehr wollte.»

Neuanfang
Katja erzählte ihrem jetzigen Partner in der Nacht, als sie das erste Mal mit ihm schlief, von ihrer Vergewaltigung. Ihre Offenheit und seine anfängliche Verschlossenheit verursachten ein Ungleichgewicht zwischen ihnen, das sich allerdings im Lauf der Zeit wieder ausgeglichen hat.

«Es kam einfach hoch. Ich erzählte ihm alles, und für ihn war das ziemlich heftig. Für mich war das wie eine Probe, ob er mein Freund sein könnte oder nicht!» Sie lacht. «Und er verhielt sich so gut. Er brachte mir viel Verständnis entgegen, und seine ruhige Art tat mir gut. Er war nicht wie mein Exfreund, der gesagt hatte: ‹Wenn du nicht mit mir schlafen willst, dann gibt es auch keine Liebe!› Er hatte Zeit, und er war nicht auf Sex aus. Ausserdem war er mit einer älteren Frau befreundet, die auch vergewaltigt worden war; das half. Er erzählte mir auch gleich davon, und ich fand, er ging gut damit um. Später erfuhr ich allerdings, dass er sich sehr überfordert gefühlt hatte. Dadurch, dass ich so offen von mir erzählte, fühlte er sich total angezogen von mir. Er fühlte sich mir nahe, weil ich ihn so nahe heranliess.»

Bei ihrem Freund kann sie auch Tränen zulassen. «Ich muss manchmal aufpassen, dass ich nicht hemmungslos losflenne, ohne Rücksicht auf mein Umfeld. Manchmal gibt es einen Impuls, und ich geh hinaus, um auf der Toilette ein paar Tränen zu vergiessen. Dies geschieht vor allem dann, wenn ich das nicht zulassen will. Bei meinem Freund lass ich es immer zu, was für ihn sehr anstrengend ist. Aber mir ist es wichtig, zu Hause oder in meiner Beziehung ich selbst sein zu können.»

Wohltaten
Bewegung, frische Luft, Licht und Wasser – seit ihrer Vergewaltigung tankt Katja viel bewusster in der Natur auf. Sie geht im Wald spazieren, schwimmen oder besucht die Sauna. Sie geniesst das Zusammensein mit Freunden, ein gemeinsames Abendessen oder einen Kinobesuch. Ausserdem empfindet sie feine Düfte, schöne Musik und den Kauf schöner Gegenstände für ihre Wohnung als Wohltat. Überhaupt ist ihr die Wohnung sehr wichtig geworden.

«Meine Wohnung hatte früher überhaupt keinen Stellenwert. Das wenige Geld, das ich hatte, gab ich lieber für anderes aus. Ich lebte in unmöglichen Situationen, in schrecklichen, kargen WG-Zimmern. Und immer mit dem Gedanken: Ich bleibe nicht lange, verreise ja bald wieder. Aus diesem Grund schaffte ich mir auch keine Möbel an. Und jetzt ist meine Wohnung ein Ort, an dem ich mich erholen kann.»

Im Lauf der Jahre hat Katja verschiedene Therapieformen ausprobiert und unterschiedliche Erfahrungen damit gemacht. «Shiatsu half mir am Anfang, wieder einen Bezug zu meinem Körper herzustellen. Ausserdem war es mir nicht zu nah, weil ich dabei meine Kleider anbehalten konnte. Beim Yoga fand ich angenehm, dass ich mich selber entspannen kann, ohne dass dauernd jemand an mir herumhebelt – in dieser Hinsicht machte ich ein paar schlechte Erfahrungen mit Therapeuten. Sie transferierten mich irgendwohin, ohne meine Zustimmung eingeholt zu haben.

Ich ging auch in eine Psychotherapie, und das war okay. Aber ich glaube, es half mir mehr in anderen Lebensfragen, weil ich so orientierungslos war, und hing nicht so stark mit der Vergewaltigung und deren Verarbeitung zusammen. Ich startete ein paar Versuche, auch eigentliche Traumaheilung, und war bei einer Frau, die Traumaarbeit und Familien- und Systemstellen anbot. Das war sehr gut, doch ging es auch bei ihr eher um andere Fragen.

Jedes Mal, wenn ich etwas Neues ausprobierte, konsultierte ich mehrere Therapeuten; das war anstrengend und kostspielig, und ich verlor zunehmend das Vertrauen. Je mehr Therapeuten ich gesehen, ja fast ‹verbraucht› hatte, desto schlimmer wurde es. Ich erkannte irgendwann, dass ich weder Lust noch Zeit hatte, jede Woche in eine Therapie zu rennen, und so mache ich seither immer wieder mal was Punktuelles, wenn Fragen oder ein konkretes Thema bei mir auftauchen.

Sehr hilfreich fand ich das Wen-Do-Selbstverteidigungstraining, das ich an zwei Wochenenden im Abstand von einem Jahr absolvierte. Wen-Do gab mir neue Ideen und Möglichkeiten, wie ich mit Situationen kreativ umgehen und sie neu beleuchten kann; ich lernte erkennen, warum und wie eine gefährliche Situation anfängt – das, was ich mit dieser Spirale beschrieben habe. Es gibt mir Sicherheit, diese Mechanismen zu kennen.

Die Beratung beim Nottelefon half mir ganz besonders – das war etwas vom Besten, was ich in jener Zeit machte. Dort bekam ich Verständnis wie nirgendwo sonst. Ich erhielt Ideen und Vorschläge, mit meiner Lage umzugehen – zum Beispiel, wie ich mir ein inneres Bild schaffen kann, das mir gut tut, oder einen Ort, real oder imaginär, aufsuchen kann, an dem es mir wohl ist. In der Vorstellung oder als Tätigkeit. Das waren Inseln für mich; dort fühlte ich mich wohl.»

Körperbewusstsein
Katja ist heute viel lieber und bewusster Frau. Früher bestand für sie kein grosser Unterschied zwischen Männern und Frauen.

«Ich war der Meinung, dass wir einfach Menschen sind, Kumpels, und wir können miteinander tanzen und ‹herumtrolen›, das spielt keine Rolle. Seither ist es viel klarer: Hier sind die Männer, und da sind die Frauen. Ich habe die Sicht des Mannes besser kennen gelernt. Ich habe das Gefühl, wenn ein Mann eine Gelegenheit hat für mehr Nähe oder Sexualität, dann ist er schneller dazu bereit als eine Frau. Ich bin mir dessen bewusst geworden und kann meine weiblichen Seiten auch konkreter und bewusster einsetzen. Früher habe ich nie überlegt, ob ich einen Mann mit etwas herausfordere oder reize. Heute kann ich damit spielen, wenn ich etwas erreichen will, kann das besser steuern – mit meinem Verhalten, meiner Art, mich zu kleiden. Ich bin bewusster Frau geworden.

Ich hatte früher kein wirklich gutes Verhältnis zu meinem Körper. Ich arbeitete viel mit ihm, er war ein Werkzeug, egal, ob das Gegenüber ein Mann oder eine Frau war. Das war nicht sexuell. Der Körper diente dazu, Bewegungen auszuführen. Ich nahm ihn nicht wahr als etwas Beseeltes, auch nicht so sehr als einen weiblichen Körper. Ich überlegte mir auch nicht, ob ich schön war als Frau. Ich war der Ansicht, den Körper trainieren zu müssen, um ihn unter Kontrolle zu haben; war das nicht der Fall, galt es, mehr zu üben. Ich hatte keinen sehr liebevollen Umgang mit ihm. Als ich durch die Vergewaltigung den Bezug zu meinem Körper gänzlich verlor, musste ich ihn aufpäppeln und bekam dadurch ein neues Körperbewusstsein.

Auf sexueller Ebene sagte ich mir: Ich darf auch Lust empfinden. Es ist nicht verboten, es hat nichts mit der Vergewaltigung zu tun, sondern ich habe ein Recht darauf, ich darf das. Und Sexualität ist deswegen nichts Schlechtes, es kann gut tun, und es darf mir sogar Spass machen, das ist nicht verboten!

Schmutzig fühlte ich mich nur gerade in der Nacht, als ich ins Hotel zurückging. Da fühlte ich mich schmutzig und dreckig. Ich wusch mich wie verrückt. Danach hatte ich das Gefühl eigentlich nicht mehr, dass mein Körper beschmutzt war. Duschen war zwar wichtig, aber mehr deshalb, weil ich mich dabei entspannen konnte. Ich begann bewusster, meinen Körper zu pflegen, mich zum Beispiel einzucremen. Und lieb zu mir zu sein, zu meinem Körper.»

Kein Opfer sein
Ich frage Katja, wie sie den Begriff ‹Opfer› im Zusammenhang mit ihrer Vergewaltigung und der damit verbundenen Erfahrung der Hilflosigkeit und des Ausgeliefertseins betrachtet. Sieht sie sich selbst als Opfer? Für sie ist der Begriff ambivalent und negativ besetzt.

«Ein Opfer ist ein ‹es›, es ist weder männlich noch weiblich. ‹Es› ist sächlich, und ‹es› braucht Hilfe und wird bemitleidet. Ich glaube, wer Opfer ist oder zu einem Opfer gemacht wird, darf Hilfe annehmen und muss das vielleicht sogar lernen. Aber gleichzeitig ist das ja nur eine Unterstützung, und jede Frau muss die ganze Arbeit selbst machen.

Ich habe mich immer dagegen gewehrt, als Opfer gesehen zu werden. Ich würde mich nicht als Opfer bezeichnen. Ich würde eher sagen: Ich bin dort in eine Opferrolle gedrängt worden. Oder: Ich bin dort zum Opfer geworden. Aber heute bin ich ja kein Opfer mehr. Wenn ich ‹Opfer› höre, sehe ich weinende Frauen vor mir, die nicht mehr denken können und völlig handlungsunfähig sind. Sie sehen und hören nichts mehr und sind nur noch versunken in ihrem Leid – klagend, weinend, am Boden zerstört. So sehe ich mich nicht, und so will ich mich auch nicht sehen. Ich glaube, es ist wichtig, nicht immer in diesen starken Gefühlen zu verharren, sondern sich zwischendurch etwas zu distanzieren. So werden wir wieder handlungsfähig.

Klar habe ich auch manchmal Selbstmitleid. Es war eine ziemlich grosse Dosis, die ich aufs Mal erhalten habe, aber ich glaube, ich habe sie bekommen, weil ich sie bewältigen kann. Ich glaube sowieso, dass jeder Mensch nur soviel erhält, wie er verkraften kann. Es ist schwierig, den Umgang zu finden, aber dafür gibt es nachher ein Weiterkommen. Ich will damit nicht sagen: ‹Zum Glück bin ich vergewaltigt worden!› – so ist es natürlich nicht. Aber ich denke, ich muss etwas daraus machen, dann bringt es mich weiter. Und ein Stück weit ist mir das gelungen.

Immer gelingt es mir nicht. In Situationen, in denen ich mit Aggression konfrontiert werde, kommt mir manchmal meine Vergewaltigungsgeschichte hoch. Es fällt mir dann schwer, meine Gefühle zu kontrollieren, und ich fühle mich einen Moment lang als Opfer meiner Gefühle. In solchen Momenten würde es mir helfen, wenn ich über das, was mir passiert ist, reden könnte – dann wäre es klar. Ich könnte es deklarieren, ein Päcklein daraus machen und sagen: ‹Aha, wenn es um Macht geht, bin ich besonders sensibel, und deshalb reagiere ich in dieser Situation heftiger als andere.› Aber weil ich noch keinen guten Weg gefunden habe, das zu deklarieren, ohne genau zu sagen, was passiert ist, fühle ich mich hilflos.

Es gibt immer wieder Situationen, in denen mich diese Hilflosigkeit überkommt.»

Geduld
Betroffenen Frauen empfiehlt Katja, Geduld zu haben und darauf zu vertrauen, dass es wieder besser wird. «Wenn eine Freundin oder Bekannte vergewaltigt würde, wäre es mir wichtig, ihr zu sagen, dass sie mich jederzeit anrufen kann. Ich würde ihr erzählen, was mir gut getan hat, und sie ermutigen, für sich herauszufinden, was sie braucht. Ich glaube, dass das für jede Person anders ist. Und ich würde ihr sagen, sie solle sich ihre Zeit nehmen und ihren Raum, sie müsse sich nicht entschuldigen, für nichts – wenn sie zum Beispiel eine Abmachung nicht einhalten kann, solle sie sich deswegen keine Vorwürfe machen. Das kann passieren. Es braucht einfach so viel Zeit, wie's braucht.»

Ein Jahr nach diesem Gespräch fühlt sich Katja in ihrer Bewegungsfreiheit kaum noch eingeschränkt und hat ihr Gefühl von Selbstbestimmung zurückgewonnen. In einer Meditation gelang es ihr, sich mit den Tätern auszusöhnen. Seither hat sich innerlich etwas gelöst. Die Sehnsucht, länger zu verreisen, hat sie indes nicht losgelassen.

«Ich verbrachte im Lauf der letzten Jahre je ein paar Monate in Barcelona und Paris und bereiste mit meinem Freund für drei Wochen Südamerika. Doch das Bedürfnis nach einer wirklich grossen Reise ist nicht gestillt. Ich habe das Gefühl, eine solche Reise steht mir noch zu. In diesem Zusammenhang ist auch Indien immer noch ein Thema. Ich möchte irgendwann hinreisen, um dieses Blatt neu zu beschreiben.»

«Die Sprache verschlagen.»

«Wer nicht selbst vergewaltigt wurde, kann nicht nachvollziehen, welche Trauer das auslöst.»
«Auf eine Vergewaltigung reagiert die Gesellschaft ähnlich wie auf eine Behinderung – hilflos und mit einem Tabu.»

In anonymen SMS drohte ein Unbekannter Meret mit der Entführung ihrer Tochter, sollte sie nicht in sexuelle Handlungen mit ihrem Exmann einwilligen. Über einen Zeitraum von mehreren Monaten wurde sie von diesem vergewaltigt und sexuell genötigt, ohne zu realisieren, dass er selbst ihr diese SMS geschickt hatte. Die Vorfälle liegen fünf Jahre zurück. Ihr Exmann wurde vom Gericht zu zwei Jahren Gefängnis auf Bewährung verurteilt. Sie war zur Tatzeit 38 Jahre alt, ihre beiden Kinder 19 und 10 Jahre.

Bei unserem ersten Treffen bringt Meret die Kopie eines Zeitungsartikels mit, der den Tathergang und ihren Gang durch die Instanzen schildert. Das auf dem Tisch zwischen uns liegende Blatt Papier erleichtert uns den Einstieg ins Gespräch.

Ernst genommen werden
«Der Erste, der mir glaubte, was geschehen war, und den Ernst meiner Lage begriff, war ein entfernter Bekannter, der bei der Polizei arbeitet, ein Freund einer Freundin. Er ermutigte mich, zum Nottelefon zu gehen, welches wiederum eine Anwältin einschaltete und mich dabei unterstützte, Anzeige zu erstatten. Es ist wahnsinnig schwierig, mit einer solchen Sache zur Polizei zu gehen. Ich musste ja zunächst eine Anzeige gegen Unbekannt einreichen; da zieht man sich bis aufs Innerste aus. Ich glaube, davor scheut jede Frau mit gutem Grund zu-

rück. Doch hatte ich gar keine andere Wahl. Es hätte nicht mehr viel gebraucht, und ich hätte durchgedreht. Und ich muss sagen, dass ich bei dieser Polizei-Fachstelle sehr gut betreut wurde.

Allen war sofort klar, dass mein Exmann der anonyme Anrufer gewesen war. Mir wäre es bis heute lieber, es wäre irgendein Fremder gewesen. Ich wehrte mich lange dagegen, mir einzugestehen, dass das aus unserer zwanzigjährigen Beziehungsgeschichte heraus passiert war. Hätte ich den Schmerz zugelassen, hätte ich nicht mehr funktioniert. Verdrängung ist ja eine Zeit lang auch ein gesunder Schutz, der hilft, den Alltag einigermassen bewältigen zu können. Und ich brauchte meine Energie für die Kinder und dafür, irgendwie eine Alltagsstruktur aufrecht zu erhalten.

Ich habe mich immer geweigert, detailliert darüber zu sprechen. Ein Teil steht in den Polizeiprotokollen, allerdings sehr sec. Am Anfang war für mich auch nicht klar, dass das Vergewaltigung war. Ich dachte am Anfang: ‹Was reden die da?› Es ist schwierig, das Juristendeutsch mit den eigenen Gefühlen zu vereinbaren. Gleichzeitig war das auch eine Art Selbstschutz, als ich mir sagte, dass das keine Vergewaltigung war – es tut dann weniger weh. Oft habe ich gezweifelt – war es wirklich so, wie ich meine, oder habe ich mir alles ausgedacht? Immer wieder habe ich versucht, das, was passierte, einzuordnen. Irgendwann habe ich aufgehört. Ich will einfach leben können damit.»

Über die Runden kommen
Meret war nach der Scheidung wieder in ihren gelernten Beruf als Praxisassistentin eingestiegen und arbeitete 50%. Nach den Übergriffen durch ihren Exmann konnte sie nur unter grosser Anstrengung weiterhin erwerbstätig bleiben.

«Ich wollte um jeden Preis weiterhin arbeiten gehen, auch wenn ich rückblickend sagen muss, dass ich nicht wirklich arbeitsfähig war. Ich war in einer furchtbaren Verfassung, wusste nicht mehr, was oben oder unten, hinten oder vorne war. Es hat mir den Boden völlig unter den Füssen weggezogen. Ich hatte Angstzustände und Schweissausbrüche. Ich brauchte aber diese äussere Struktur, vor allem für meine beiden Kinder. Es war stressig, doch war das Arbeiten für mich auch Ablenkung, ein Stück Normalität, und das tat mir gut.

Mein Exmann bekam von der Polizei ein zweiwöchiges Kontaktverbot, das war alles; mehr konnte auch die Anwältin nicht erwirken. Ich hatte Angst, dass er sich wieder mit uns in Verbindung setzen würde, und fürchtete, er würde meine Tochter bedrohen oder manipulieren. Ich versuchte, bei der Vormundschaftsbehörde einen Unterbruch des Besuchsrechts zu erreichen, scheiterte aber. Eine Streichung des Besuchsrechts wäre vielleicht möglich, wenn wir hätten nachweisen können, dass der Vater das Kind missbraucht hat. Doch wie soll ich das beweisen? Darüber will ich mir gar nicht weiter den Kopf zerbrechen.

Auch meinem Sohn ging es zu jener Zeit sehr schlecht – er war eben zum zweiten Mal aus der Lehre geflogen und blieb dann ein Jahr lang arbeitslos. Trotz aller Bemühungen reichten seine Leistungen nicht. Er war vorher schon selbstmordgefährdet gewesen, und das hat sich dann noch gesteigert.

Ich machte mir grosse Vorwürfe. Ich schämte mich. Ich fragte mich: ‹Was habe ich falsch gemacht? Weshalb ging ich nicht früher zur Polizei? Weshalb habe ich das zugelassen, weshalb habe ich mich nicht gewehrt?› Bis zu diesem Zeitpunkt hatte ich Situationen relativ klar einschätzen können. Diese Sicherheit habe ich vollkommen verloren. Ich sagte mir: ‹Wenn ich solch extreme Situationen nicht richtig einschätzen konnte, dann kann ich auch andere nicht mehr einschätzen.›

Ich versuchte, mich durch Aktivitäten abzulenken. Oft jedoch versank ich in mich selbst, blieb zu Hause und liess den Haushalt liegen. Ich mochte dann mit niemandem reden, wollte nirgendwo hingehen, wollte einfach meine Ruhe haben. Ich zog mich sehr stark zurück. Das Einzige, was ich nicht vernachlässigte, waren die Termine bei der Beratungsstelle. Ich versuchte, irgendwie über die Runden zu kommen.»

Darüber reden
Da Merets Exmann der Täter gewesen war, stiess sie in ihrem Umfeld mit dem Bedürfnis, über das Vorgefallene zu sprechen, fast durchwegs auf taube Ohren. Ihre Bekannten verhalten sich bis heute so, als sei nie etwas passiert. Werden die Vorfälle oder deren Auswirkungen auf Merets Leben dennoch einmal zum Thema, heisst es oft: ‹Mach doch nicht so ein Drama!›

«Mein Exmann sprach häufig mit meiner besten Freundin über das Vorgefallene. Ich merkte lange gar nicht, wie sehr mich das störte. Aus heutiger Sicht kann ich sagen: Mein Exmann erhielt bei meinen Bekannten, deren Unterstützung ich gebraucht hätte, viel mehr Raum als ich. Sie sagten ihm zwar nicht, dass sie das, was er getan hatte, gutheissen würden, das nicht – aber sie gaben ihm Gesprächsraum. Und ich stand zu jener Zeit so unter Schock, dass es mir richtiggehend die Sprache verschlug. Bis heute fällt es mir schwer, darüber zu reden. Vermutlich merkte mir niemand an, wie schlecht es mir ging, weil ich dermassen versuchte zu funktionieren. Mein Exmann hingegen hat sich immer schon gut ausdrücken können. Dazu kam, dass er im Dorf unwahre Geschichten über mich verbreitete – und das zu einem Zeitpunkt, als es für mich und die Kinder unendlich wichtig war, nicht auch noch unsere stabilen Wohnverhältnisse zu gefährden! Woher hätte ich die Energie nehmen sollen für einen Umzug?

So ist es bis heute: Mein Exmann redet, und ich würde gerne, kann aber nicht. Und bis heute wird mir vorgeworfen, zu wenig darüber zu reden. So bin ich aber eben, und ich kann nicht über meinen Schatten springen. Ich versuche immer zu erklären, wie schwierig es für mich ist, das Thema von mir aus anzusprechen, wie verwundbar mich das macht. Ich tue es nur sehr, sehr vorsichtig. Denn wenn ich sage: ‹Ich möchte darüber reden›, und mein Gegenüber verhält sich ablehnend, ist die Verletzung viel grösser, als wenn ich gar nichts gesagt hätte. Ich empfinde das als Ablehnung meiner Person, als Ausschluss. Dieses Thema macht mich, je nachdem, wie's mir gerade geht, zur Hälfte oder zu Dreivierteln aus – das bin ich. Und wenn ihr das nicht wollt, dann wollt ihr mich nicht! Doch in meinem Freundeskreis fragt bis heute niemand nach. Das finde ich verletzend.

Es bringt mich auch zum Verstummen, wenn jemand meine Erfahrung mit etwas ganz Banalem vergleicht. Meine Schwester zum Beispiel verglich meinen Fall mit demjenigen einer Freundin, die von ihrem Vermieter vors Bundesgericht gezerrt wurde; sie sagte: ‹Das ist ja das Gleiche wie bei dir!› Ich finde das haarsträubend! Das ist doch überhaupt nicht zu vergleichen.

Hätte ich umgekehrt allen eine emotionale Szene hingelegt, wäre ich vermutlich einfach als hysterisch abgestempelt worden. Ich habe bis heute das Gefühl: Sie glauben mir eh nicht. Und bis heute zweifle ich manchmal an meiner eigenen Wahrnehmung.»

Eine Reaktion, die Meret häufig erlebt, wenn sie etwas erzählt, ist Ungläubigkeit darüber, dass einer starken Frau wie ihr etwas Derartiges hatte zustossen können.

«Ich bekomme zu hören: ‹Aber du doch nicht!› Auch meine Tochter hat so reagiert. Als müssten wir Betroffene alle verhuschelte, verhärmte Menschen sein! Auch ich hatte anfänglich dieses Bild. Und dann lernte ich andere Betroffene kennen in einer Selbsthilfegruppe, und sah, dass das alles total feine Frauen sind, die ihre Frau stehen im Leben von A bis Z.»

Aufgrund ihres Bedürfnisses nach Austausch hat sich Meret einer Selbsthilfegruppe für Frauen, die Gewalt in der Ehe erlebten, angeschlossen. Ungefähr alle drei Wochen nimmt sie zudem einen Termin bei der Beratungsstelle Nottelefon wahr. Sie betont, wie wichtig es für Betroffene ist, mit ihrer Erfahrung auf offene Ohren zu stossen. «Ich glaube, viele Frauen könnten über ihre Geschichten reden, wenn sie den Raum zur Verfügung gestellt bekämen. Ich bekam diesen Raum immer beim Nottelefon und auch bei der Polizei. Bekannte könnten einem den Raum geben, tun es aber nicht aufgrund eigener Ängste. Und nicht darüber zu reden, schafft Distanz.»

Meret hat festgestellt, dass Männer und Frauen unterschiedlich auf das Thema reagieren. Vor den Reaktionen von Frauen auf dieses Thema fürchtet sie sich oft fast mehr als vor denjenigen der Männer. «Ich finde, Frauen versuchen viel mehr als Männer, diese Missbräuche unter den Teppich zu kehren. Das trifft mich.»

Beziehung zum Täter

Meret stellt sich bis heute die Frage: Warum ist es geschehen? Auf ihren Wunsch fragte die Polizei ihren Exmann während der persönlichen Einvernahme danach.

«Die einzige Antwort, die ich von ihm bis heute erhalten habe, ist: ‹Nach zwanzig Jahren Ehe hat sie endlich einmal das tun müssen, was ich wollte.› So ziemlich wortwörtlich. Für mich ist bis heute nicht klar, weshalb er das nötig hatte. Sicher gibt es psychologische Erklärungen dafür. Er wollte ziemlich viel kaputt machen. Meiner Stiefmutter sagte er damals, er hätte sich gar nicht anders aus unserer Beziehung herauslösen können. Sie sagte, sie könne das nachvollziehen. Ich finde das unglaublich! Was er tat, war ganz klar ein Verbrechen, und ein Verbrechen zu entschuldigen, ist gleich nochmals ein Verbrechen. Das kann nicht unter den Teppich gekehrt werden, ein Leben lang nicht.

Rückblickend würde ich sagen, dass ich in dieser Ehe ziemlich viel in Kauf genommen habe. Mein Exmann schlug mich zwar nicht, doch übte er auf psychischer Ebene viel Druck aus. Unsere Ehe war von Anfang belastet durch die körperliche Behinderung unseres Sohnes, und wir unternahmen immer wieder zu dritt Therapieversuche. Ein guter Kollege sagte mir im Nachhinein, er habe gemerkt, dass etwas nicht gut laufe – er habe es an der Stimmung bei uns gemerkt. Doch das ist ja auch ein Tabu – Familiengeschichten muss die Familie immer selber regeln. Mittlerweile sehe ich selbst, dass es viele Alarmzeichen gab. Ich war bei mehr als einer Person in psychologischer Beratung, doch wurde das Problem von fachlicher Seite her nicht erkannt.»

Es erschüttert Meret, wie wenig Wertschätzung ihr Exmann ihr entgegenbringt. «Ich bin die Mutter seiner Kinder, und wir werden ein Leben lang Eltern dieser Kinder sein. Ich finde sein Verhalten derart lebensfeindlich! Er behauptet, er sei überfordert gewesen mit seinem Sohn und und und... Aber auch eine Überforderung ist keine Erklärung und keine Rechtfertigung! Ich war schon x-mal sehr überfordert.

Mir scheint, ich habe, nachdem es zur Anzeige gekommen war, zu viel Verantwortung übernommen für seine Rolle, vor allem den Kindern gegenüber. Mein Sohn hat sich mehrmals darüber beklagt, dass ich ihm nicht mehr erzähle, und ich kann das gut nachvollziehen, aber ich konnte bisher einfach nicht. Vielleicht habe ich ihn auch als Vater zu sehr entschuldigt.»

Das Verfahren gegen ihren Mann strengte Meret auch deshalb an, weil sie ihre Tochter schützen wollte. Ob ihre Angst vor einem Missbrauch begründet war oder nicht, weiss sie nicht. «Die Polizei fragte mich sehr klar in Bezug auf meine Ängste vor einem Missbrauch – sie nahmen das ernst. Sie sagten mir auch, dass die Wahrscheinlichkeit klein sei, verglichen mit ähnlichen Fällen, und ich kann das nachvollziehen. Aber jedes Mal, wenn ich in der Zeitung wieder von einem Familiendrama lese – und in der letzten Zeit waren es ja so viele in der Schweiz – überkommt mich wieder Angst. Das hält dann vier, fünf Tage an. Und jedes Mal, wenn ein Missbrauch an die Öffentlichkeit kommt, heisst es: Das hätte niemand für möglich gehalten. Und dann ist es zu spät. Jetzt, nachdem ich selbst gesehen habe, wie so ein Verfahren läuft, weiss ich, dass das Verfahren ebenso schlimm ist wie die Tat selbst. Oder noch schlimmer. Es wird angezweifelt, was du sagst, der Gegenanwalt sitzt da und macht dumme Bemerkungen, und keiner fährt ihm übers Maul – das fährt derart ein! Das möchte ich einem Mädchen nicht zumuten.»

Familie
Über ihre Schwester sagt Meret, diese nehme immer wieder einen Anlauf, mit ihr darüber zu reden, aber das Thema sei ganz klar tabu. Meret gab ihr den Zeitungsartikel und sagte ihr, wie schwirig es für sie sei, ihr den einfach so hinzulegen. Auf einem gemeinsamen Spaziergang hoffte sie, mit ihr über das Erlebte und die Situation mit ihrem Exmann sprechen zu können.

«Sie merkte, dass sie sich jetzt einfach irgendwie dazu äussern musste, und sagte diesen einen Satz: ‹Ich kann machen, was ich will, es ist nie recht!› Das fand ich wahnsinnig unfair. Ich kann etwas damit anfangen, wenn jemand zu mir sagt: ‹Ich bin völlig hilflos!› Aber wenn sie mir sagt, sie könne mir nichts recht machen, fliegt gleich die Tür zu. Wo ich doch offene Türen bräuchte und nicht solche, die mir vor der Nase zugeschlagen werden.

Meinem Bruder gab ich den Zeitungsartikel ebenfalls zum Lesen. Als Antwort kam ein gelbes Post-it-Zettelchen auf einer Holzrechnung: Er danke mir für den Artikel. Das war's. Dabei hatte ich ihm vorgängig gesagt: Es bringt mir nur etwas, wenn wir nachher darüber reden können.»

Meret sagt, dass sie zu ihrem Vater und dessen Frau ein gutes Verhältnis habe. Allerdings fragen auch sie nie nach. «Sie versuchten, mich zu unterstützen und waren sehr ungeschickt dabei. Und als sie mitbekamen, wie schlecht es mir und meinen Kindern ging, bearbeiteten sie mich, die Klage gegen meinen Exmann zurückzuziehen. Für sie war die Lösung, so zu tun, als sei nichts geschehen.»

Auseinandersetzung mit den Kindern
Meret sagt, sie brauche jemanden, der sie mit den Kindern ein wenig unterstützt. Die schulischen Probleme und depressiven Verstimmun-

gen ihrer Tochter Anja bewogen Meret, eine Psychiaterin einzuschalten. Anja hat alle zwei Monate einen Termin bei einer Psychiaterin. «Sie geht hin, weil ich es will. Ab und zu begehrt sie dagegen auf und sagt: ‹Ihr macht ja ein Theater, mir geht es doch gut, und alles ist normal!›, aber sie kennt ja nichts anderes. Ich erkläre ihr, dass sie ein paar Kilo mehr in ihrem Rucksack hat als andere Kinder ihres Alters. Ich weiss, dass es für sie nur schwer nachvollziehbar ist. Manchmal sagt sie auch zu mir: ‹Du könntest gefälligst mit Papi dorthin gehen anstatt mit mir!› Ich habe Schuldgefühle, weil sie und auch mein Sohn in etwas hineingezogen werden, für das sie nichts können. Und wenn sie in diesen Sitzungen sieht, dass ich es in den Griff kriege und ihr Vater nicht – er droht zurzeit mit Suizid –, dann zerfliesst sie fast vor Mitleid mit ihm. Zwischendurch ist sie aber wieder sehr wütend auf ihn, und in der letzten Zeit wollte sie ihn auch gar nicht mehr so oft sehen – was natürlich viel einfacher ist für mich.

Zwischen Weihnachten und Neujahr sprach ich zum ersten Mal mit ihr über das, was vorgefallen war, in Absprache mit der Psychiaterin, die fand, sie müsse mehr wissen. Ich sagte ihr: ‹Dieter hat mich gezwungen, Sex mit ihm zu haben.› Ich benutzte bewusst seinen Vornamen – es gibt ja verschiedene Ebenen: ‹Vater› ist eine andere Ebene als ‹Papi›, und ich entschied mich für ‹Dieter›, da es ja um die partnerschaftliche Ebene ging. Sie fiel aus allen Wolken und sagte: ‹Das ist nicht möglich!› Für sie war es unvorstellbar, dass jemand mich zu so etwas zwingen könnte. Sie hält mich für so stark. Ich erwähnte bewusst nicht, dass er mich nur deshalb zwingen konnte, weil er drohte, den Kindern etwas anzutun. Dafür ist sie noch zu jung; sie ist 15. Natürlich wollte sie dann wissen, weshalb. Ich sagte: ‹Das kann ich dir noch nicht sagen.› Das Gespräch stresste mich extrem.

Mein Sohn setzt sich weniger damit auseinander. Es belastet ihn aber mehr. Er wusste von Anfang an mehr, weil er älter war. Er sagt immer wieder, diese Sache mit dem Vater sei ein Riesenberg. Sie haben fast keinen Kontakt. Ich rate ihm immer wieder, mit jemandem darüber zu reden – ich bin die falsche Person dafür. Ich sage: ‹Schau, ich lasse mich auch beraten, und es ist nur richtig, dass du auch mit jemandem reden kannst.› Ich kann nicht nachvollziehen, dass er es nicht macht. Aber er ist 24 und muss sein eigenes Leben leben. Ich unterstütze ihn, so gut es geht.»

Zärtlichkeit und Sexualität
Meret verspürt ein grosses Bedürfnis nach Sexualität, Zuneigung und Zärtlichkeit. Gleichzeitig sind auch starke Ängste da. Sie fühlt sich oft einsam. Doch schätzt sie sich glücklich, dass sie von Anfang an Sexualität und Gewalt auseinander zu halten vermochte.

«Die Gewalt, die mein Exmann mir angetan hat, hat für mich nur am Rand mit Sexualität zu tun. Ich hatte ihn ja während zwanzig Jahren körperlich sehr gut gekannt und bis am Schluss noch begehrt. Deshalb stand für mich dann auch nicht die körperliche Bedrohung im Vordergrund, sondern die emotionale.

Menschliche Beziehungen scheinen mir seither viel komplexer als früher. Ich bin sehr vorsichtig geworden und versuche, mich zu schützen. Von meinem Exmann fühle ich mich allerdings immer noch bedroht. Die Beratungsstelle hat mir geholfen, meine Angst etwas in den Griff zu bekommen.»

Zwei Jahre nach den Vorfällen mit ihrem Exmann lernte Meret wieder einen Mann kennen. Sie hatte lange Angst gehabt, wenn das Telefon klingelte. Sie hatte alle Türschlösser auswechseln lassen und ihre

Natelnummer geändert und jede nur erdenkliche Vorsichtsmassnahme getroffen. Es dauerte ein gutes Jahr, bis sich das normalisiert hatte.

«Dieser Mann, mit dem ich meine ersten Schritte wagte, schickte mir ein SMS, und ich fasste dieses SMS zuerst als Drohung auf. Er hatte mir in seinem eigenen Dialekt geschrieben, dass er mich vermisse und ich mir Sorge tragen solle. Bei mir lösten diese Worte ein eigenartiges Gefühl von Bedrohung aus. Ich schrieb ihm zurück, ich verstünde nicht, wie er das meine. Ich hatte ihn ja erst einmal getroffen, zum Kaffeetrinken. Ich erzählte ihm später einen Teil meiner Geschichte. Er gehört zu jenen Menschen, die es nicht genauer wissen wollten, und ich hatte auch das Gefühl, dass er mir nicht glaubte. Ich kann aber nur davon erzählen, wenn ich spüre, dass jemand grundsätzlich bereit ist, mir zu glauben.

Bevor ich mich mit diesem Mann verabredete, überlegte ich mir gut, wo ich mich sicher fühlen würde. Ich hatte Angst. An dem Tag, an dem wir uns in der Stadt zum Essen treffen wollten, brach er sich das Bein und landete im Spital. Ich sagte mir: ‹Gut, dann findet unsere erste Verabredung im Spital statt – das ist absolut ideal für mich!› Wir trafen uns etwa einen Monat lang, und ich genoss die Begegnung körperlich sehr. Ich hatte das Gefühl, dass mir diese Beziehung gut tat, auch der Sex. Guter Sex tut einem immer gut. Ich liess mich wirklich zack-bumm voll auf diesen Mann ein – ich bin der Typ, der ins kalte Wasser springt. Es stimmte für mich. Ich hatte allerdings ein paar Mal während des Sex Blutungen, deren Ursache eindeutig psychisch war. Mich hat das mehr gestresst als ihn. Schmerzen hatte ich dabei keine.

Er hatte am Anfang grosse Mühe, mich zu berühren. Er erzählte mir, dass er selbst als Kind über längere Zeit missbraucht worden sei, hat es mir beinahe an den Kopf geworfen, und ich gewann den Eindruck, dass er diese Geschichte noch nicht verarbeitet hatte.»

Wut und Trauer
«Ab und zu werde ich unendlich traurig und weine. Flashbacks habe ich, Gott sei Dank, selten. Alpträume habe ich ab und zu, aber nicht mehr so heftig wie früher. Manchmal geschieht es auch, dass ich mich plötzlich eingeengt fühle – dann brauche ich sofort Platz. Ich machte vor kurzem einen Ausflug nach Luzern, und als ich mich plötzlich in einem dunklen Raum befand, wurde mir blitzartig schlecht, und ich musste sofort hinaus. Dunkelheit ist immer noch ein Problem, allerdings nur, wenn ich mich in Gesellschaft von Menschen befinde. Mit dem Hund nachts allein laufen zu gehen, bereitet mir keine Mühe. Ich akzeptiere das im Moment so, wie es ist, und bin froh, wenn ich die Beklemmung rechtzeitig bemerke und nicht voll ins Loch hineinfalle. Auch eine Zigarette hilft in solchen Momenten.»

Der Umgang mit Wut und Trauer beschäftigt Meret sehr. Sie sei sich bewusst, dass Frauen aus gesellschaftlichen Gründen nicht wütend sein dürfen – Männer, aber auch Frauen, haben nicht gern wütende Frauen und erleben deren Wut schnell als bedrohlich. «Ich bin sehr empfindlich geworden auf Situationen, in denen die Würde hilfloser Menschen verletzt wird. Ich empfinde auch Wut auf das Rechtssystem und manchmal auch auf das System, in dem ich arbeite. Immer wieder erlebe ich, dass depressiven Menschen, die aufgrund ihrer Krankheit keine Hilfe akzeptieren wollen, die Unterstützung entzogen wird. Diese Menschen werden dann schnell aufgegeben. Ich habe selbst erlebt, wie schwer es sein kann, Hilfe anzunehmen – es kostete mich viel Überwindung, mir einzugestehen, dass ich es allein nicht schaffe. Ja, es fällt mir heute noch schwer. Doch habe ich gelernt, mich nicht permanent zu überfordern, dass es Menschen gibt, so dünn gesät sie auch sein mögen, die mir ihre Hilfe anbieten und mich unterstützen, und dass ich diese Hilfe auch annehmen darf. In dieser Hinsicht hat mich auch mein Sohn sensibilisiert. Wie geht die Gesellschaft um mit behinderten Menschen oder mit solchen, die nicht 100 % leistungsfähig sind? Wie gehen wir mit unseren Alten um? Wenn ich über diese Dinge nachdenke, kommt mir Wut hoch. Es fehlt mir manchmal an Gelassenheit.

In den letzten Jahren habe ich gelernt, mit meiner Wut besser umzugehen. Ich habe Ventile dafür gefunden, so dass sie sich nicht mehr nur nach innen richtet. Wenn ich wütend bin, fluche ich, oder ich rufe jemanden an und rede über das, was mich wütend macht. Oder ich gehe laufen, verausgabe mich körperlich, bis ich völlig ausgepumpt bin. Manchmal funktioniert es auch übers Putzen, aber leider nicht immer – ich habe überhaupt keinen Putzfimmel.

Wut finde ich allerdings einfacher zu leben als Trauer. Ich stelle mir immer noch die Frage, wo und wie ich meine Trauer leben kann. Trauer empfand ich zum Beispiel gestern Abend, in Vorbereitung auf dieses Gespräch. Ich las und lag herum, schlief sogar kurz ein, und meine Tochter war furchtbar enttäuscht, dass ich vergessen hatte, die Kleider, die sie für den Ausgang brauchte, aus der Maschine zu nehmen und zum Trocknen aufzuhängen. Ich hätte es wirklich gern getan für sie. Traurigkeit und Müdigkeit gehen oft Hand in Hand.»

Ein halbes Jahr nach den Übergriffen beschloss Meret, eine Zusatzausbildung bei der Spitex zu absolvieren. Die Arbeit mit Pflegebedürftigen gefällt ihr sehr. «Es tut mir gut, mich bei der Arbeit von den Menschen, die ich betreue, immer wieder in meiner Trauer verstanden zu fühlen. Patienten sagen mir manchmal: ‹Sie haben auch schon Schwieriges durchgemacht!› Eine Frau, die in der Zwischenzeit gestorben ist, sagte, sie spüre meine Trauer. Ich brauchte gar nichts dazu zu sagen, ausser zu bestätigen. Aufgrund dieses Erlebnisses spürte ich mich dieser Frau sehr verbunden. Ich glaube, dass ich aufgrund meiner Erfahrungen eine feinere Wahrnehmung entwickelt habe. Wer eine grosse Trauer mit sich herumträgt, spürt, wenn andere Menschen ebenfalls trauern. Auch scheint mir, dass die Trauer, die ich oft empfinde, vergleichbar ist mit der Trauer um einen verstorbenen Angehörigen.

Ich habe noch viel zum Trauern; da sind noch ein paar grössere Klumpen, die ich nicht verarbeitet habe. Es kommt, wenn die Zeit reif ist. Es fällt mir leider nicht immer leicht, mit mir selbst so sorgfältig und respektvoll umzugehen wie mit meinen Klienten und Klientinnen.

Dass ich von vielen Leuten die Rückmeldung bekomme, ich sei immer fröhlich und aufgestellt, ist für mich kein Widerspruch. Trauer und Fröhlichkeit wechseln sich ab.

Seit drei Jahren nehme ich Psychopharmaka; sie federn mich etwas ab im Zusammenhang mit Trauer, Wut und Schmerz. Los bin ich diese Gefühle nicht, aber ich bekomme etwas mehr Distanz. Ich experimentiere ein wenig herum mit der Dosierung: Ich fing mit zehn Milligramm an und habe jetzt auf fünf Milligramm reduziert. Die Medikamente helfen mir zu funktionieren. Ich sah ein, dass mir alles über den Kopf wächst. Alarmzeichen sind für mich, wenn ich zu Hause die einfachsten Dinge nicht mehr erledigen kann, wie den Haushalt, oder wenn ich mich nicht mehr mit meiner Tochter auseinander setzen, abends nicht mehr für sie kochen mag. Ich finde es in Ordnung, wenn ich hin und wieder schon um acht oder neun ins Bett gehe, weil ich einen strengen Tag hatte – ich darf ab und zu nicht mehr mögen. Ich ging ja auch immer arbeiten, machte die Spitex-Ausbildung nebenher und musste mich mit meinem Exmann und dem Gerichtsverfahren herumschlagen – es ist mir heute schleierhaft, wie ich das alles geschafft habe.»

Schritte nach vorn und zurück
«Ich bin immerzu damit beschäftigt, mein Umfeld wieder zu stabilisieren, und finde, ich mache das Beste aus der Situation. Es gelingt mir einigermassen, das Auf und Ab in Grenzen zu halten und hin und wieder etwas Neues auszuprobieren, zum Beispiel in Bezug auf meine Sexualität. Eine erfüllte Sexualität ist für mich Lebensqualität – soll ich mir die etwa für den Rest meines Lebens vermiesen lassen?»

Meret wich während eineinhalb Jahren nach den Übergriffen durch ihren Exmann körperlicher Nähe mit Männern aus. «Mir wurde es jeweils bereits schlecht, wenn mir ein Mann zu nahe kam, zum Beispiel wenn ich bei einem Kollegen auf dem Beifahrersitz mitfuhr und er mir half, die Sicherheitsgurte anzulegen. Ich bin diesen Situationen eine Weile lang bewusst aus dem Weg gegangen. Meine erste Aktion in dieser Hinsicht war dann, zu einem Rolfing-Therapeuten zu gehen. Ich wollte herausfinden, wie ich reagiere, wenn ich mich in Unterwäsche auf einen Behandlungstisch lege und mich von einem Mann behandeln lasse. Ich kannte diesen Therapeuten schon länger, ein toller Mensch. Und doch bin ich fast gestorben vor Angst. Aber ich wusste, er war seriös, und ich musste diesen Schritt einfach machen. Er hat diese Situation klar und unzweideutig gehandhabt, und ich eroberte mir mit dieser Mutprobe ein Stückchen Boden zurück. Nach dieser Sitzung bekam ich wieder etwas Vertrauen in meine Reaktionen.»

Arbeiten gehen zu können war für Meret immer wichtig gewesen, um eine Struktur aufrechterhalten zu können. «Ich brauche gewisse Herausforderungen, um nicht in meiner Trauer zu versinken. Die Arbeit bei der Spitex mache ich mit Herzblut. Auf diese Art mit älteren Menschen zu arbeiten, ist für mich Lebenselixier! Von meiner Chefin erhalte ich Wertschätzung, auch wenn wir ab und zu aneinander geraten. Sie sagt, sie schätze mein Lachen, meine Fröhlichkeit, und ich hätte meine Stellung im Team. Ich bin sicher nicht eine einfache Angestellte für sie.»

Kraft schöpft Meret auch aus dem Umgang mit Tieren. «Ich arbeitete früher mit Pferden und bin immer viel geritten, zurzeit allerdings etwas weniger, denn das Pferd gehört meinem Vater, und ich brauche im Moment Distanz zu ihm. Ausserdem haben wir vor zwei Jahren einen Hund angeschafft, und den bilde ich nun aus. Er tut uns allen dreien gut. Wenn mein Sohn Depressionen hat, ruft er mich an und bittet mich, ihm den Hund zu bringen. Dieser Hund hat uns bisher am meisten genützt und am wenigsten gekostet. Ich habe grosse Freude an ihm.

Ich gehe gerne laufen oder verbringe Zeit am Wasser. Lesen und Ruhe tun gut – zeitweise lese ich extrem viel. Ich nehme mir Zeit für mich, viel Raum auch, sofern das möglich ist. Auch Bewegung tut mir gut; eine Weile lang ging ich tanzen, doch scheiterte das daran, dass ich keinen geeigneten Tanzpartner fand.

Vor kurzem habe ich einen Selbstverteidigungskurs in einem Budo-Karateclub angefangen, und das finde ich absolut genial! Ich bin aus allen Wolken gefallen, als ich sah, wie viel Feingefühl diese Trainer haben. Sie sagten, es gäbe Menschen, die mit Berührungen Mühe hätten, und wenn das bei jemandem der Fall sei, sollten wir das einfach sagen, das sei absolut kein Problem. Mir ist fast der Kiefer heruntergefallen. Und es tat gut, wirklich zu schlagen, auf ein Kissen, voll Power! Wir sind drei Frauen in meinem Alter, die anderen Jugendliche, die Leiter Männer.

Seit einem halben Jahr bin ich ausserdem in einer Trainingsgruppe für Gewaltfreie Kommunikation nach Rosenthal. In einer dieser Sitzungen musste ich furchtbar weinen und beschloss dann, zumindest der Leiterin etwas von meiner Geschichte zu erzählen. Ich traf sie unter vier Augen, brachte ihr ein paar Gerichtsunterlagen mit und bat sie, diese zu lesen; es sei schwierig für mich, darüber zu reden und ich sei furchtbar nervös. Seither fühle ich mich wohl in der Gruppe.

Ich probiere immer wieder neue Strategien aus. Ich setze mich in ein Café, um etwas abzuschalten, die Leute zu studieren, ab und zu mit jemand Wildfremdem ins Gespräch zu kommen. Oder ich bin an alle die Orte hingegangen, wo's passiert war. Das war extrem schwierig; doch jetzt, wenn ich darüber rede, merke ich, dass ich es fast vergessen habe – weil es sich erledigt hat.»

Durch die Unklarheiten, welche den Übergriffen durch ihren Exmann vorausgingen und diese begleiteten, hat Meret sich angewöhnt, die Dinge direkt anzusprechen und auf den Punkt zu bringen. Damit handelt sie sich zwar immer wieder Abfuhren ein. Ihr geht es jedoch darum, rechtzeitig zu erkennen, wenn eine Situation diffus wird, um sich dann aus der Situation zu entfernen und Distanz gewinnen zu können. «Ich habe zwar eine klare Wahrnehmung, traue ihr aber nicht. Das ist für mich kein Widerspruch, bzw. diese Widersprüche sind alle da, und ich will mich nicht mehr schämen dafür. Ich will einfach meine verschiedenen Seiten leben, Ende der Diskussion!

Ich hatte ein für mich sehr eindrückliches Erlebnis bei der Arbeit, mit einem Mitarbeiter, den ich seit vier Jahren kenne und gut mag. Aus heiterem Himmel machte der beim Herumblödeln in der Pause eine Anspielung, die unter die Gürtellinie traf. Ich war schockiert und sagte ihm das auch. Wir liessen es so stehen. Am nächsten Tag sagte ich ihm klar und deutlich, dass er mich mit dieser Bemerkung sehr verletzt habe, und fragte ihn, ob ich ihm irgendwie Anlass dazu gegeben hätte. Er verneinte das, meinte aber, ich falle oft auf, weil ich fröhlich sei und viel lache. Ich sagte ihm, dass ich absolut keine Lust mehr hätte, mich zurückzunehmen. Wenn es mir gut gehe, dann wolle ich meine Lebensfreude zeigen. Ich bin ein lebensfroher Mensch, und das will ich nicht mehr verstecken, und ich will auch nicht mehr extra weite Schlabberpullover anziehen – ich habe genug davon! Was er daraus mache, sei nicht meine Sache.

Solche Bemerkungen ziehen sich konsequent durch meine ganze Geschichte, angefangen bei meinem Vater, der zwei Töchter hat und sich bis heute schämt, wenn ihm jemand sagt, er habe zwei schöne Töchter. Schön oder attraktiv sein, war zweideutig. Mein erster Sexualpartner glaubte mir nie, dass er für mich der Erste war. Mich verletzt das heute noch. Aber ich kann es nicht ändern. Ich wusste immer sehr klar, dass ich es körperlich nicht ertragen würde, viele Sexualpartner zu haben – es sind bis heute nur wenige.

Kleine Heilungsschritte gibt es viele, allerdings auch immer wieder Rückschläge. Letzte Woche erlebte ich etwas ganz Verrücktes in der Physiotherapie. Ich habe zeitweise ganz extreme Rückenverspannungen und manchmal auch Migräneanfälle. Das kommt und geht. Die Physiotherapeutin erwischte einen heiklen Punkt an meinem Rücken, und von einer Sekunde zur nächsten war's mir schlecht – ich hatte das Gefühl, gleich umzukippen. Ich kann es noch nicht einordnen, doch weiss ich inzwischen, dass es mit der Verarbeitung zusammenhängt.

Aus meinem Umfeld kommt immer wieder unmissverständlich die fordernde Frage: ‹Hast du das jetzt immer noch nicht verarbeitet? Hast du ihm immer noch nicht verziehen?› Ich setzte mich damit am Anfang selbst unter Druck. Ich habe mittlerweile akzeptiert, dass es Geduld braucht. Manchmal frage ich meine Betreuerin beim Nottelefon, ob ich nicht schon viel weiter sein müsste, und sie sagt immer: ‹Nein, im Gegenteil, Sie sind ziemlich rassig unterwegs.› Ich bin oft ungeduldig mit mir selbst. In der Zwischenzeit hat sich das verändert, und das ist für mich auch ein Schritt. Ich möchte möglichst gut leben – damit. Denn ich werde mein Leben lang damit leben.»

Sieben Monate nach unserem zweiten Treffen las Meret die vorläufige Fassung dieses Textes und stellte erstaunt fest, wie viel sich seither verändert hat. «Ich kann fast nicht glauben, wie schlecht es mir damals ging. Ich hatte seit unserem letzten Gespräch zwar einige Rückfälle, und leichtere Phasen wechselten ab mit schwierigeren. Aber es gelingt mir immer besser, Hilfe anzunehmen, ohne mich dadurch eingeengt und hilflos zu fühlen. Auch die Mitarbeit an diesem Projekt war für mich ein konstruktiver Schritt hin zu mehr Lebensbejahung.

Aus eigener Erfahrung weiss ich, dass wir Menschen über grosse Selbstheilungskräfte verfügen. Menschen, die es ‹gut meinen› und uns ihre Sicht der Situation und ihre Lösungsstrategien aufdrängen wollen, sind in der Regel schnell frustriert und lassen uns fallen. Sie können nicht wirklich nachvollziehen, was es bedeutet, sexualisierte Gewalt erlebt zu haben. Ich plädiere dafür, dass wir von der Gesellschaft nach Möglichkeit unterstützt und gefördert werden – auf unsere Art und in unserem Tempo.»

«Verletzlicher als früher.»

«Früher glaubte ich, dass alles, was passiert, einen Grund hat. Jede Erfahrung hat mich ein Stück weitergebracht im Leben – aber diese nicht. Ich glaube nicht, dass so etwas einen Grund hat und dass ich daraus irgendetwas Positives ziehen kann.»

Lea ist 28 Jahre alt. Vor eineinhalb Jahren wurde sie vom älteren Bruder ihres Exfreundes vergewaltigt. Sie waren Nachbarn, und er lud sie eines Abends auf ein Glas Wein in seine Wohnung ein. Im Nachhinein wurde Lea klar, dass er, als sie kurz seine Toilette benützte, ihrem Wein eine Droge beimischte – sie erlebte die anschliessende Vergewaltigung in einem benebelten Zustand und war ausserstande, sich physisch zur Wehr zu setzen.

Lea arbeitet als Sachbearbeiterin in einer grösseren Firma und hatte zur Tatzeit eben eine Weiterbildung begonnen, die sie sehr in Anspruch nahm.

Aus Höflichkeit geblieben
«Es geschah an einem Freitagabend. Er hatte schon seit längerer Zeit gesagt, er wolle mal mit mir was trinken gehen, doch hatte ich weder Zeit noch Lust dazu gehabt. Wir standen uns nicht besonders nahe, doch durch meinen Exfreund hatte ich ihn etwas besser kennen gelernt. Er war älter als ich, und ich fand ihn nicht besonders attraktiv. Er drängte mich, länger zu bleiben, und als ich mich verabschieden wollte, hielt er mich zurück. Ich blieb aus Höflichkeit.

Von der Vergewaltigung selbst blieben mir nur zerrissene Bilder. So erinnere ich mich zum Beispiel daran, dass er, als er schon auf mir oben lag, wieder aufstand und ein Kondom holte. Dieses Bild verfolgt mich. Es war ein besonders kleines Spezialkondom. Dieses Plastikteilchen sehe ich noch vor mir und kriege es nicht aus meinem Kopf.»

Lea wusste im Rückblick nicht, wie sie es schaffte, sich anzuziehen und seine Wohnung zu verlassen. Sie sank in ihr Bett und schlief fast 48 Stunden durch. «Ich erinnere mich nur noch an diese unglaubliche Müdigkeit. Ich konnte mich kaum auf den Beinen halten. Am Samstag wäre ich bei einer Freundin zum Nachtessen eingeladen gewesen; ich rief sie an und sagte, ich sei krank. Noch am Sonntag schloss ich mich zu Hause ein und wusste nicht, was tun. Ich rief schliesslich meine beste Freundin an und erzählte ihr alles. Sie hörte zu und sagte das Übliche: ‹So ein Schwein!› – wie jemand in so einer Situation eben reagiert. Aber raten konnte sie mir nichts.»

Am Montag fühlte sich Lea wieder stark genug, um zur Arbeit gehen zu können. Ihre Recherchen im Internet und telefonisch bei einer Fachstelle ergaben, dass es tatsächlich eine Droge gibt, die starke Lethargie verursacht, zwei Tage lang wirksam bleibt und im Körper keine nachweisbaren Spuren hinterlässt.

Viel geweint

«Mir sind ständig die Tränen heruntergelaufen – am Morgen, wenn ich zur Arbeit fuhr und abends, wenn ich nach Hause zurückkehrte. Ich war unglaublich verletzt. Ich konnte nicht glauben, dass mir das zugestossen war.

Am Anfang spürte ich vor allem Ekel. Mich hat es wirklich ‹gruuset›. Erstens war es der Bruder meines Exfreundes gewesen – nur schon das ist abartig für mich. Und andererseits ekelte ich mich körperlich vor ihm. Er hatte Hautausschlag und Zahnfleischprobleme. Gepflegt war er allerdings schon. Ich hatte diesen Ekel im Körper, im Kopf und sah auch immer wieder diese Bilder, die ich nicht wegbrachte. Es schauderte mich vor Ekel. Drei, vier, fünf Monate hielt das an. Ich weiss nicht, ob es einfach die Zeit war, die mir darüber hinweg half. Auf jeden Fall ist es heute nicht mehr da.»

Am Anfang hatte Lea auch Mühe mit allem, was ihren eigenen Körper betraf. «Ich bade sehr gern, vor allem im Winter, und die Vergewaltigung ereignete sich ja im Januar. Zuerst badete ich sicher einen Monat überhaupt nicht mehr. Dann fing ich wieder damit an. Ich sagte mir: ‹Ich will mich nicht einschränken müssen und nie mehr baden, nur, weil ich mich selbst nicht mehr anschauen kann.›»

Nicht nur die Körperpflege, auch die tägliche Frage, was sie anziehen wollte, wurde zu einem Problem. Lea musste neu lernen, sich anzuziehen. In ihrem Schrank hingen plötzlich nur noch Kleider, in denen sie sich ausgestellt und verletzlich fühlte.

«Eigentlich trage ich sehr gerne Ausschnitt und ziehe mich schön an. Das tat ich nicht mehr. Ich lief sicher zwei, drei Monate nur noch in Schlabberpullis herum. Irgendwann trug ich dann wieder mal einen Ausschnitt bis hier» – sie zeigt mit der Hand auf ihre Schlüsselbeine – «… und dann bis hier» – sie deutet etwas tiefer. «Zu all diesen Dingen habe ich zurückgefunden, und das Baden hat mir in dieser Hinsicht sehr geholfen. Andere, alltägliche Sachen waren am Anfang ganz schlimm, zum Beispiel der Gang in die Waschküche – ich hatte Angst, ihm dort zu begegnen. In meiner Wohnung musste ich alle Dinge, die mich an meinen Exfreund erinnerten – zum Beispiel eine getrocknete Rose – wegwerfen, weil sie mich an die Tat erinnerten. Abends hörte ich ihn manchmal Gitarre spielen. Ich stellte dann einfach meine Stereoanlage lauter oder ging aus dem Haus.»

Lea begegnete dem Täter mehrere Male im Treppenhaus. «Ich guckte immer auf den Boden. Ich war verängstigt, hatte Panik. Horror. Jedes Mal kam alles wieder hoch. Einmal nahm ich meinen Mut zusammen und hob den Kopf – und er schaute mich an! Ich dachte bei mir: ‹Du Schwein, schau, was du mir angetan hast. Was erlaubst du dir, mich anzuschauen?! Schau weg!› Ich schrieb ihm dann ein SMS, er solle mich gefälligst nicht mehr anschauen, wenn wir uns begegnen. Daran hat er sich gehalten.»

Freundeskreis und Familie
Lea machte die bittere Erfahrung, dass ihre beste Freundin, der sie sich als erste anvertraut hatte, sich im Lauf der darauf folgenden Monate allmählich von ihr distanzierte.

«Anfangs versuchte sie, für mich da zu sein. Wir telefonierten weiterhin wie üblich einmal in der Woche und schickten einander E-Mails. Sie hatte nie Zeit, mich zu treffen. Gegen den Sommer hin wurde es ihr allmählich zu viel. Sie hatte Ferien, und ich sagte zu ihr: ‹Hey, jetzt hast du Ferien, da könnten wir uns doch mal sehen?› Sie sagte nein, sie wolle diese Zeit mit ihrem Freund geniessen, sie sähen sich sonst so wenig. Das war's dann für mich. Ich zog mich zurück von ihr. Gerade vor einer Woche haben wir uns auf ihre Initiative wieder gesehen, doch ist es nicht mehr das Gleiche. Sie sagte, mir sei es immer schlecht gegangen, und sie habe genug eigene Probleme gehabt. Seither herrscht Funkstille. Das war's dann wohl mit dieser Freundschaft.»

Leas andere Freundschaften hielten der Belastung stand. «Ich sagte es nur zwei oder drei Freundinnen, und sie alle waren auf ihre Art für mich da. Die eine kam mich besuchen, und wir unterhielten uns oder unternahmen gemeinsam etwas. Eine andere hat mich abgelenkt und in den Ausgang mitgenommen; sie hat mich aus meiner Wohnung herausgeholt und mir so geholfen, mich nicht völlig von den Menschen, vor allem auch von Männern, zurückzuziehen. Und mit der dritten habe ich weinen können. Sie war auch gerade in einer Krise. Wir stehen uns seither sehr nahe. Und ich weiss bei ihnen allen: Komme, was wolle – sie sind da für mich. Ich glaube, wir könnten auch einmal miteinander streiten. Freundschaften kommen und gehen, aber ihnen kann ich vertrauen.»

Ihre Mutter war die zweite Person, der sich Lea anvertraute. «Mir war wichtig, dass sie mir glaubte, und das tat sie. Es erstaunte mich, und es war megaschön. Sie riet mir davon ab, ihn anzuzeigen.» Lea beginnt zu weinen. «Sie war super, wenn auch vielleicht nicht so, wie ich mir das gewünscht hätte. Am liebsten wäre ich ja die Wohnungstür des Täters einschlagen gegangen. Sie hat mich wahrscheinlich davor bewahrt, irgendeine Dummheit anzustellen.

Meinem Bruder habe ich nichts erzählt; es schien mir der falsche Zeitpunkt. Und ich bezweifle, dass ich es ihm je sagen werde.»

Nicht zu viel Raum geben
Wenige Tage nach der Tat kontaktierte Lea zum ersten Mal die Beratungsstelle Nottelefon. Während eines halben Jahres nahm sie wöchentlich deren Beratungsangebot in Anspruch. Hilfreich war für sie vor allem, dass sie so angenommen wurde, wie sie war, und ihre Betreuerin, Frau D., ihr Glauben schenkte. Sie bestätigte ihr, dass das, was ihr widerfahren war, eine Vergewaltigung war. «Ich konnte es zuerst wie nicht glauben und musste mir das von einer Fachperson bestätigen lassen.»

Als sie das Gefühl hatte, allein zurechtzukommen, entschloss sie sich, nicht mehr hinzugehen. Als Frau D. ihr zwei Monate später ein E-Mail schickte und sich nach ihrem Befinden erkundigte, realisierte sie, dass das Thema nicht abgeschlossen war. Sie entschloss sich, die Beratungstermine wieder aufzunehmen, und weinte viel in dieser Zeit. Sie nahm bewusst keine zusätzliche psychologische Betreuung in Anspruch.

«Ich bin nicht bereit, mehr in mein Leben zu lassen, und zwar aus dem Grund, dass es wegen ihm ist. Es nervte mich nur schon, einmal in der Woche den Zug in die Stadt zu nehmen, dorthin zu fahren! Seinetwegen das zu machen! Frau D. half mir, von dieser Sichtweise wegzukommen. Ich sage mir nun: ‹Ich tue es für mich.› Es geht um einen Teil von mir, der tief verletzt ist, und um den kümmere ich mich jetzt.»

Aus dem gleichen Grund zog Lea nur ihre engsten Freundinnen ins Vertrauen – sie wollte dem Erlebten im Alltag so wenig Raum wie möglich geben. «Zum Teil ist das auch komisch. Ich weiss zum Beispiel nicht, ob meine Arbeitskollegen, die mich täglich sehen, mir etwas anmerken. Ich versuche, möglichst so weiterzumachen wie immer, und verlasse mich darauf, dass ich irgendwann wieder leben kann, ohne an ihn zu denken, und dass der Zwischenfall nicht mehr so viel Raum einnimmt wie jetzt noch. Ich habe das Gefühl, es ist gut so, wie's ist. Ich habe in diesem Jahr viel erreicht.»

Auf eine Anzeige verzichtet
Lea hat aus verschiedenen Gründen beschlossen, den Täter nicht anzuzeigen. Zum einen hatte sie bereits viel Zeit und Energie in eine eben begonnene Weiterbildung gesteckt, und sie fürchtete, dass ein

Verfahren zu diesem Zeitpunkt ihre Kräfte übersteigen würde. «Ich war nicht bereit, die Schule auf halber Strecke abzubrechen, denn sie hielt mich über Wasser. Ich wäre sonst in ein noch grösseres Loch gefallen.» Zum anderen schätzte eine Anwältin ihre Chancen, den Täter vor Gericht bringen und einen Prozess gewinnen zu können, als klein ein – in dem ländlichen Bezirk, in dem Lea wohne, sei die Rechtsprechung konservativ.

Ein weiterer Grund war die schlichte Tatsache, dass der Täter ihr Nachbar war und sie sich vor seiner Reaktion auf eine Anzeige fürchtete. «Mit Frau D. und der Anwältin wog ich ab, ob ich es trotzdem tun sollte. Da meine Aussage gegen seine Aussage stehen würde und ich keine Beweise hatte – ich war ja auch nicht beim Arzt gewesen danach, und geschlagen hatte er mich auch nicht –, verzichtete ich. Das Verfahren würde höchstwahrscheinlich eingestellt werden. Ich sagte mir, dass ich mich in diesem Fall lieber auf die Weiterbildung konzentriere. Wenn ich will, kann ich ihn ja auch in zehn Jahren noch anzeigen. Mir ist allerdings klar, dass die Chancen einer Verurteilung dann noch geringer werden.»

Lea hatte in jüngeren Jahren, im Rahmen eines Selbstverteidigungskurses, bereits Kontakt zu Frauen, die vergewaltigt worden waren, und für jene war immer klar gewesen, dass ein Täter angezeigt werden müsse. Lea hatte diesen Standpunkt immer auch selbst vertreten. «Heute sehe ich das anders. Je nach Lebenssituation entscheidest du dich vielleicht für einen andern Weg.»

Ausharren
Lea blieb noch ein ganzes Jahr in dem Haus wohnen, in dem sie vergewaltigt worden war. Der Täter hatte behauptet, er werde innert

weniger Monate selbst ausziehen, und Lea gab die Wohnung zu diesem Zeitpunkt ungern auf. «Meine Zwischenprüfungen standen an, und ich hatte null Zeit. Ich war schlecht beieinander. Meine persönlichen Bedürfnisse schraubte ich total zurück und sah meine Freundinnen wenig. Tagsüber arbeitete ich, und abends lernte ich. Ich klinkte mich ziemlich aus dem Leben aus.»

Der Täter zog nicht, wie angekündigt, aus. Trotzdem war es Lea wichtig, ihren eigenen Umzug nicht zu überstürzen und den Zeitpunkt selbst zu bestimmen. «Ich wollte eine Wohnung suchen, die zu mir passt. Ich wollte nicht etwas suchen müssen, um von dort wegzukommen, und dann sogar noch doppelt zahlen, weil der Auszug ausserterminlich wäre. Ich wollte mich wegen dieser Sache nicht verbiegen! Ich wollte weder zusätzliche Kosten noch Aufwand auf mich nehmen. Ich hätte gehen können, klar. Ich hätte die Schule machen können, arbeiten und mir auch noch eine Wohnung suchen. Aber irgendwann sagte ich mir: Ich kann nicht mehr. Ich ging im letzten Jahr wirklich an meine Grenzen, doch stimmt es für mich so, wie ich es gemacht habe. Ich kann sagen: Ich wäre sowieso umgezogen, früher oder später – jetzt bin ich halt etwas früher gegangen. Damit kann ich leben. Aber wenn ich es seinetwegen anders gemacht hätte ... ich glaube nicht, dass ich mich heute so wohl fühlen würde.»

Mit ihrem Umzug trat eine grosse Entspannung ein. «Selbst wenn der Täter nicht dein Nachbar ist, sondern dich in deiner nächsten Umgebung vergewaltigt hat, ist das nicht einfach. Der Umzug war auf jeden Fall ein Meilenstein für mich. Ich weiss nicht, ob es an der grösseren Wohnung liegt oder daran, dass ich jetzt wieder viel mehr Lebensqualität habe. Jedenfalls fühle ich mich jetzt viel besser.

Ich relaxe häufig auf dem Balkon und döse ein, total friedlich. Das gibt es tatsächlich zwischendurch: dass ich nicht an ihn denke. Ich päppele mich langsam wieder auf.»

Schuldgefühle
Die Gedanken an die Vergewaltigung und den Täter sind nach wie vor da, jeden Tag, oft ohne erkennbaren Auslöser.

«Immer wieder tauchen Bilder der Vergewaltigung auf, und ich frage mich, wann diese Gedanken endlich aufhören. Manchmal studiere ich daran herum, was ich hätte anders machen können. Als ich gehen wollte und er mich zurückzog, hätte ich mich verabschieden sollen, anstatt aus Höflichkeit noch zu bleiben. Ich sagte nein – ich machte alles so, wie man es machen soll! Und doch fühlte ich mich schuldig. Dass ich mit ihm geredet hatte. Dass ich zu ihm hinübergegangen war. Vielleicht habe ich mich auch auf eine bestimmte Art und Weise bewegt, die ihn angemacht hatte – ich weiss es ja nicht. Andererseits kannte ich ihn ja und vertraute ihm. Ich hätte das niemals – niemals! – gedacht! Ich meine, wer macht so was mit der Exfreundin seines Bruders?! Unter Freundinnen gibt es doch einen Kodex, den gibt's doch bestimmt auch unter Brüdern?! Wahrscheinlich war Eifersucht im Spiel; ich kann es mir nicht anders erklären. Doch darüber will ich nicht nachdenken. Ich denke sowieso schon die ganze Zeit darüber nach.

Am Anfang hatte ich grosse Mühe mit Männern und sprach überhaupt nicht mehr mit Fremden. Jetzt sage ich: Ich muss meiner Intuition besser vertrauen lernen. Denn wirklich sympathisch war er mir von Beginn an nicht gewesen; er war einfach ein Nachbar, fertig, und für mich hatte es eine klare Distanz gegeben zwischen uns. Das teilte ich ihm nachher auch per SMS mit, und im ersten Moment tat es ihm Leid, doch dann fand er, ich sei ja zu ihm rübergekommen. Ich bin ja nicht zu ihm hinübergegangen, um mit ihm Sex zu haben! Ich schrieb ihm dann ein SMS, er solle mich in Ruhe lassen. Er fand, ich spinne und solle ihn in Ruhe lassen. Er kann froh sein, dass ich ihn nicht angezeigt habe.»

Selbstbild
Als Jugendliche trainierte Lea während mehrerer Jahre den Selbstverteidigungssport Jiu-Jitsu.

«Ich wohnte in der Stadt, war eine Powerfrau und ging gerne in den Ausgang – daher war es für mich logisch, einen Selbstverteidigungskurs zu machen. Ich bin sonst nicht sehr sportlich. Doch für meine Freundinnen und mich war klar, dass man wissen muss, wie man sich verteidigt. Aber eben: Du kannst dich noch so schützen – es passiert dann doch auf eine Art und Weise, die du nicht vorausgesehen hast. Ich war ja so benebelt, ich hätte mich gar nicht wehren können. Trotzdem würde ich es jeder Frau empfehlen. Ich ermunterte immer alle meine Verwandten, ihre Kinder in einen Kurs zu schikken, Mädchen und Knaben. Letzten Endes ist es aber einfach Schicksal, wie es einem ergeht – oder Pech.»

Die Vergewaltigung hat ihr Selbstbild in Frage gestellt. «Ich frage mich wirklich, was das soll! Ausgerechnet mir passiert das, der Powerfrau? Für mich war immer klar gewesen: Ich habe nur Sex, wenn ich das will, und nein ist nein. Eigentlich geht es Männern immer nur um das Eine, gerade auch im Ausgang. Und dazu war ich noch nie bereit und werde auch nie bereit sein. Doch bin ich heute verletzlicher als früher. Ich überlege mir alles dreimal. Und ich reagiere auf Äusserungen von anderen nicht mehr so wie früher. Als Teenager bist du auf der Suche danach, wer du bist, und irgendwann weisst du: ‹Das bin ich, und das möchte ich verkörpern, und auf das bin ich stolz!› Ich bin immer noch stolz, aber ich weiss nicht mehr, wer ich bin. Ich bin noch die Gleiche, jedenfalls äusserlich, aber tief in mir drin gibt es einen Teil – egal, wo ich bin oder was ich mache – der sich mit Gedanken herumplagt, wie ich ihm wehtun könnte.»

Auch die Frage nach dem Sinn beschäftigt Lea immer wieder. «Früher glaubte ich, dass alles, was passiert, einen Grund hat. Jede Erfahrung hat mich ein Stück weitergebracht im Leben – aber diese nicht. Ich glaube nicht, dass so etwas einen Grund hat und dass ich daraus irgendetwas Positives ziehen kann. Wenn eine Beziehung zu Ende geht, kannst du sagen, nun gut, er war nicht der Richtige. Aber dies – es ist völlig sinnlos! Er hat mir nur Scherereien gebracht. Ich muss wieder von vorne anfangen, muss alles wieder neu lernen. Leitsätze, die ich früher hatte, sind schlicht nicht mehr da. Vorher glaubte ich zum Beispiel an das Gute im Menschen. Das tue ich heute nicht mehr. Ich glaube, man muss sich schützen. Ich habe nicht mehr so viel Vertrauen, und ich versuche, möglichst keine Erwartungen zu haben. Ich habe immer schon versucht, diese abzulegen. Wenn es andere nicht so gut meinen, nehme ich das nicht mehr persönlich. Ich lasse mich nicht mehr so leicht enttäuschen.»

Männer
«Mein Bild von Männern hat sich verschlechtert. Früher hätte ich gesagt, dass 50 % von ihnen sexistische Schweine sind und sogar mit der Schwester der Exfreundin etwas anfangen würden. Heute sage ich: 90 %. Du benimmst dich ganz normal, schminkst dich, machst dich

hübsch, gehst in den Ausgang, und die denken sofort, du willst Sex – weil du dich geschminkt hast?! Das ist doch abartig! Männer sollten ein- für allemal kapieren, dass wir uns für uns selbst schön machen. Wir wollen doch nicht mit einem Plastiksack über dem Kopf herumlaufen! Das sind irgendwie noch Steinzeitmänner, die in der Höhle leben. Im Moment könnte ich wohl meine ganze Wohnung mit Sprüchen tapezieren wie: ‹Männer können nicht zwei Dinge gleichzeitig machen und sind unfähig...›, ich fände es unglaublich lässig.

Ich habe auch festgestellt, dass ich immer, wenn ich mit einem Mann spreche, automatisch abschweife. Ich bin nicht mehr da. Das geschieht mir auch, wenn ich mit Freundinnen zusammen bin und wir über Männer reden. Ausserdem gebe ich andere Ratschläge als früher, verurteile Männer mehr. Vor kurzem erzählte mir eine Frau, sie habe jemanden kennen gelernt, der älter sei als sie. Meine Reaktion war sofort: ‹Geh mit dem nicht aus – ältere Männer, die auf 20-Jährige stehen...› Manchmal wird mir dann plötzlich bewusst: ‹He, was sage ich da eigentlich?!› Es überrascht mich selbst, wie energisch ich in solchen Momenten bin. Bis jetzt scheint es niemandem aufgefallen zu sein. Meine Aussage steht dann einfach da, und die anderen bringen ihre Argumente. Früher habe ich Männer eher entschuldigt, wenn sie sich daneben benahmen, sagte vielleicht: ‹Der ist halt überarbeitet.› Heute lasse ich mir weniger gefallen.»

Lea ist in dem Jahr seit der Vergewaltigung keine Beziehung mehr eingegangen. «Ich hatte früher eine natürliche Einstellung zu Sex. Ich bin der treue Typ – vielleicht bin ich da etwas altmodisch. Seit der Tat habe ich kein Interesse mehr an Sex; im Moment kann ich es mir nicht einmal mehr vorstellen! Wenn ich auf meinen Instinkt höre, glaube ich, dass sich das wieder ändern wird, doch halte ich zurzeit eine gewisse Distanz zu

Männern. Vor einem Monat lernte ich allerdings einen super guten Typen kennen, mit dem ich mich sehr gut verstand, und wir küssten uns spontan, im Ausgang. Für mich war dieser Kuss eine Art Test. Und ich habe ihn bestanden: Ich konnte es wirklich geniessen, worüber ich sehr froh bin.»

Lea möchte nicht für den Rest ihres Lebens Männern aus dem Weg gehen. «Ich will natürlich nicht immer Single bleiben! Männer gehören ganz klar zum Leben dazu. Aber Sex kann ich mir im Moment beim besten Willen nicht vorstellen. Um das Thema Männer mache ich einen weiten Bogen. Klar sehe ich, dass nicht alle Männer gleich sind. Ich habe mehrere männliche Freunde, und diese Freundschaften haben sich im letzten Jahr sogar gefestigt. Ich möchte sie nicht missen oder sie gegen Freundinnen eintauschen. Aber sie sind wirklich Ausnahmen. Von ihnen höre ich nie etwas über Sex oder Betrügen oder Lügen. Grundsätzlich glaube ich, dass ich in Bezug auf Männer realistischer geworden bin.»

Gedankenspiele

Im Austausch mit Frau D. schätzt Lea besonders, dass sie von ihr Ideen erhält, wie sie mit Flashbacks oder Gedanken an den Täter umgehen kann.

«Er hat ein grünes Auto, und wir haben abgemacht, dass ich, wenn ich ein grünes Auto sehe, an einen 2CV mit gelben Blümchen aus den 70er Jahren denke. Das übe ich jetzt. Ich ‹sehe› ihn auch oft – am letzten Wochenende in Rom zum Beispiel zweimal, das heisst, ich habe ihn einfach mit jemand anderem verwechselt. Ich schaue die Person dann an und denke: ‹Das ist doch nicht möglich!›, und schaue nochmals hin: ‹Nein, das ist er …› – völlig unsinnig! Mein Hirn spielt mir einen Streich.

Beim anderen Beispiel, das sehr gut funktioniert hat, geht es um meine beiden inneren Stimmen, die sich gerade in den letzten Wochen total bekriegt haben. Die eine Stimme repräsentiert eine dunkle Seite in mir, die auf das Leben nicht so viel gibt, sich am liebsten verkriecht zu Hause und der eigentlich alles egal ist. Die andere ist meine positive Seite, meine Antriebskraft, die etwas gesünder leben möchte, etwas besser auf mich Acht geben will. Wenn mich zum Beispiel eine Freundin anruft und vorschlägt, gemeinsam etwas zu unternehmen, bin ich oft innerlich zerrissen: Soll ich raus, soll ich nicht raus? Ich war früher ein sehr sozialer Mensch und liebte es, Kontakte zu pflegen. Jetzt habe ich etwas in mir drin, das mich bremst und sagt, ich mag doch gar nicht. Ich sage dann oft irgendetwas. Stattdessen haben wir jetzt abgemacht, dass ich, wenn ich mich nicht entscheiden kann, mir Zeit nehme und sage, dass ich zurückrufen werde.»

Bis heute wird Lea ab und zu von Rachegedanken geplagt und verspürt den starken Wunsch, dem Täter weh zu tun. «Am Anfang malte ich mir aus, dass ich ihn von seinem Balkon hinunterwerfe – wir wohnten ziemlich hoch oben – oder ihn in seinen Glastisch schmeisse. Oder ich stellte mir vor, dass man ihm sein bestes Stück abschneidet. Von Frau D. hatte ich eine andere schöne Fantasie: Ich stellte mir vor, ich käme nach Hause und er wäre tot. Ich muss sagen, da habe ich gelächelt. Ich wünsche das sonst niemandem, aber es war sehr befreiend, mir das vorzustellen.»

Strategien
Unter Menschen zu sein, tut Lea gut, wenn es ihr auch manchmal schwer fällt, sich dazu zu motivieren. «Ich musste mich am Anfang zwingen, mit meinen Freundinnen auszugehen. Die ersten zwei bis

drei Monate ging ich gar nicht mehr aus. Doch nützt es manchmal, rauszugehen und mit Freundinnen die Nacht durchzutanzen – ich denke dann nicht daran. Ich musste das wieder lernen.

Auch mein Patenkind tut mir gut - wenn ich mit ihm herumtolle, vergesse ich wirklich alles. Es gab Abende, an denen ich zu Hause war und meine Freundin – die Mutter meines Patenkindes – anrief und sie fragte, ob ich zu ihr kommen könne, ich müsse raus aus meinen vier Wänden. Ich konnte manchmal sogar bei ihr übernachten, wenn es das brauchte.»

Ausserdem findet Lea das Buch von Luise Reddemann, ‹Eine Reise von 1000 Meilen beginnt mit dem ersten Schritt› (vgl. Literaturverzeichnis) hilfreich. «Es enthält gute psychologische Tipps, zum Beispiel, das Problem, das einen beschäftigt, von ganz weit oben zu betrachten, vom Mond – das relativiert es ziemlich. Es hilft bei Problemen, die nicht einfach zu lösen sind. Ich löse gerne Probleme. Ich hake die Dinge gerne ab und gehe zum Nächsten über, anstatt mich darin zu wälzen. Ich finde, es ist unnötig, sich das Leben doppelt schwer zu machen.

Mir persönlich hilft auch meine Arbeit. Ich habe so viel zu tun im Büro, dass ich am Abend richtiggehend einen Schnitt machen und bewusst sagen muss: Schluss, Feierabend. Beim Arbeiten denke ich so gut wie nie an das, was passiert ist.»

Was den Wert von Ablenkung betrifft, ist sich Lea unsicher – soll sie die Gedanken an die Tat verdrängen oder, im Gegenteil, sich bewusst damit auseinander setzen? «Hobbys wie Yoga oder Schwimmen lenken mich ab. Wenn ich ins Kino gehe, denke ich sicher zwei Stunden nicht an ihn, es sei denn, es gibt eine Vergewaltigungsszene. Dann schweife ich ab und bin gedanklich weg. Wenn ich hingegen allein spazieren gehe, kommen mir die Gedanken an die Tat zwangsläufig, weshalb ich damit eher Mühe habe. Ich habe das Thema mit Frau D. angesprochen, und sie meinte: ‹Wer sagt denn, dass Verdrängung schlecht ist? Es bedeutet ja nur, dass Sie den Gedanken im Moment auf die Seite tun.› Und so versuche ich, möglichst nicht daran zu denken.»

Kleine Erfolge
Seit der Tat sind eineinhalb Jahre verstrichen. Lea hat oft Mühe zu akzeptieren, dass sie selbst nach all diesen Monaten immer noch täglich an die Tat denken muss – unter der Dusche, beim Essen oder Kochen. Doch erkennt sie, dass sie selbst schon weit gekommen ist. «Es ist nicht mehr so wie am Anfang. In den ersten Monaten waren es die alltäglichen Dinge, die ich wieder lernen musste. Mit der Zeit habe ich immer wieder was Neues dazu gelernt – das sind Erfolgsmomente. Zum Beispiel zu merken: Ich verstecke mich nicht mehr so.

Ich fühle mich auch gerne sexy als Frau – das war nicht mehr da, das war total weg während zwei, drei Monaten. Dann zog ich wieder mal was Hübsches an, fühlte mich aber trotzdem nicht sexy. Fühlte mich ‹gruusig›. Da der Gedanke an Sex und Männer ja immer noch sehr weit weg ist, wollte ich mich eigentlich auch gar nicht sexy fühlen oder mich schön anziehen. Ich hab mich dann für mich selbst schön angezogen. Heute schaue ich mich wieder im Spiegel an und denke: ‹Oh, gar nicht schlecht!› Ich kann wieder baden und fühle mich wieder sexy und kann das auch wieder geniessen. Das ist ein Riesen-Meilenstein für mich.»

Weniger Berührungsängste

«Ich wünsche mir von meinen Freundinnen weniger Berührungsängste mit dem Thema. Von sich aus sprechen sie mich nie darauf an. Ich kann das auch verstehen – sie wollen mich natürlich nicht daran erinnern. Ich habe ihnen auch nie erzählt, wie intensiv mich die Gedanken daran verfolgen. Doch wenn wir im Ausgang sind, passen sie gut auf mich auf. Sie achten darauf, dass ich mich wohl fühle, und fragen: ‹Lea, ist alles okay?› Das schätze ich immer sehr. Aber sie fragen nie: ‹Wie geht's mit Frau D. beim Nottelefon?› Sie wissen, dass ich regelmässig hingehe, und die guten Tricks, die sie mir mitgibt, sind ja auch für andere Lebensfragen interessant. Unterdessen ist es ja schon über ein Jahr her, und sie haben wahrscheinlich gar keine Ahnung, wie sehr mich das immer noch beschäftigt! Gerade jetzt, nach dem Umzug, hat mich niemand mehr danach gefragt. Dass es mir jetzt besser geht, ist ja auch logisch.

Ich spreche das Thema selten von mir aus an, weil ich denke, dass es den anderen vielleicht nicht recht ist, darüber zu reden. Ich wünschte mir, dass sie es ansprechen würden. Aber eben, sie haben wahrscheinlich noch mehr Angst, es zu thematisieren, weil sie mich nicht traurig machen möchten.»

Das Einzige, was Lea schon von sich aus gemacht hat, ist, dass sie ihren Freundinnen beiläufig von einem ihrer kleinen Erfolgserlebnisse erzählte. «Sie sind dann von Herzen dabei und sagen: ‹Wow, das freut mich mega für dich.›»

Verwöhnen
Ein Tipp, den Lea anderen Frauen mitgeben möchte, ist, sich selbst zu verwöhnen und die grösseren und kleineren Erfolgserlebnisse bewusst zu feiern.

«Wie oft hast du Erfolg im Leben, wirst befördert oder kriegst einen Bonus? Selten! Früher ging es mir immer gut, und ich sah keinen Grund, mir etwas zu gönnen, ausser vielleicht mal eine Badewanne nach einem harten Tag. Aber jetzt mache ich das viel häufiger. Ich habe in diesem letzten halben Jahr gemerkt: Ich bin der Grund! Dafür, dass ich mich jetzt wieder sexy fühle, gönne ich mir etwas! Für diesen Riesen-Meilenstein, hey! Und in den letzten zwei Monaten seit meinen Prüfungen habe ich mir ein paar wirklich teure, schöne Sachen geleistet, habe mich verwöhnt. Und wenn es mir schlecht geht, gerade wegen ihm, dann habe ich es sogar noch mehr verdient. Manchmal kaufe ich mir auch spontan eine DVD am Kiosk, weil ich finde, das wäre heute Abend noch lässig, oder etwas Feines zum Essen.»

Ratschläge zu geben findet Lea schwierig. «Man kann nichts raten, weil der Umgang mit dieser Situation etwas sehr Persönliches ist. Ich empfehle jeder Frau, das Buch von Reddemann zu lesen, weil es einem dabei hilft, nicht aufzugeben. Andererseits kann ich auch nicht sagen: ‹Gebt nicht auf!›, denn ich bin ja selbst noch nicht sicher, ob ich nicht irgendwann doch werde aufgeben wollen. Denn es ist wirklich anstrengend, nicht zu resignieren, weiter zu kämpfen und mit dieser Erfahrung zu leben.»

«In guten und in schlechten Zeiten.»

«Der Vorfall hat meinen Partner und mich zusammengeschweisst. Wir haben das zusammen durchgestanden.»

Christine wurde vor vier Jahren nachts in ihrer Wohnung von einem Fremden, der über ihren Balkon eingestiegen war, mit einem Messer bedroht und vergewaltigt. Sie war zu diesem Zeitpunkt frisch verliebt – sie und ihr Partner waren seit einem knappen Jahr zusammen; zwei Monate später wollte er bei ihr einziehen. Sie arbeitete 60 % in einem Callcenter; ihr Sohn aus ihrer ersten Ehe war fünf Jahre alt. Sie war zum Zeitpunkt der Vergewaltigung 37 Jahre alt.

Einbruch
«In jener Nacht war ich allein – mein Sohn war übers Wochenende bei seinem Vater, und Dani, mein Freund, kam erst spät von einer Klassenzusammenkunft nach Hause.

Nachdem es geschehen war, rief ich ihn sofort an; er war bereits auf dem Heimweg. Ich erzählte ihm weinend, was passiert war, und er meinte zuerst, ich mache Witze. Zehn Minuten später stand er da, sagte, er sei in einem Höllentempo durch die Stadt gerast, wollte einfach schnell zu Hause sein.

Während ich auf ihn wartete, hatte ich zuerst die Balkontür zugemacht, damit niemand mehr hereinkommen konnte, und nachdem ich mich noch einmal versichert hatte, dass auch wirklich geschlossen war, legte ich mich aufs Bett und heulte. Gedanken gingen mir durch den Kopf, wie: ‹Jetzt hast du das überlebt›, aber auch: ‹Jetzt bin auch ich vergewaltigt worden! Davon habe ich nur immer gehört, und jetzt ist mir das passiert. In meiner eigenen Wohnung›. Es war unfassbar für mich.

Als Dani kam, sagte er, wir müssten die Polizei anrufen. Ich wehrte mich zunächst dagegen – ich dachte, dass es vielleicht besser wäre, wenn wir das einfach mit uns selbst ausmachen würden. Ich fürchtete mich vor den Konsequenzen einer Anzeige. Eigentlich wollte ich für den Moment einfach alles vergessen und so tun, als sei nichts passiert. Ich hatte mir sogar überlegt, es nicht einmal Dani zu sagen, denn ich hatte Angst, dass unsere Beziehung daran kaputt gehen könnte. Ich wollte das auf keinen Fall, weil wir es gut zusammen hatten. Ich sagte ihm auch: ‹Ich hätte dir gescheiter nichts gesagt. Ich hätte es einfach für mich behalten und mit mir selbst ausmachen sollen›. Doch er sagte: ‹Nein, das geht nicht, das kannst du nicht allein durchstehen. Wir müssen das der Polizei sagen, der Sauhund muss doch erwischt werden!› Auf jeden Fall war er dann schon beim Telefon und rief an, und kurz darauf ging das ganze Theater los – die Polizei fuhr mit Blaulicht und drei Autos vor, früh morgens war das, die Hunde bellten und schnüffelten herum, die Leute von der Spurensicherung waren auf dem Balkon, und das ganze Haus wurde wach.

Sie nahmen mich für eine Einvernahme mit und wollten mich auch ärztlich untersuchen lassen. Ich hatte aber geduscht in der Zeit, als Dani telefonierte und wir auf die Polizei warteten – ich konnte nichts anderes machen als duschen! Aus dem Wunsch heraus, alles, was ich von dem an mir hatte, abzuwaschen. Das wurde mir nachher vorgehalten. ‹Sie hätten nicht duschen sollen, da hätte es noch Spuren gegeben …›. Dabei ist es doch normal, das zu machen! Wenn so ein Sauhund auf dir drauf liegt, willst du alles, was von ihm an dir klebt, loswerden! Als sie sagten, sie wollten trotzdem einen Untersuch machen, weigerte ich mich. Ich sagte: ‹Nein, ich habe mich schon genug bloss gestellt vor diesem Typen, ich habe keine Lust, jetzt noch irgendwo die Beine breit zu machen.› Ich hatte genug, da unten war jetzt einfach mal geschlossen. Sie akzeptierten es, doch musste ich mir noch ein paar Mal anhören, dass die Beweisstücke mager seien – das Einzige, was ich im ersten Moment zur Identifikation hatte, war seine Stimme.»

Auszeit
Am Morgen nach der Tat informierte Christine auf Anraten der Polizei ihren Arbeitgeber. Auf dem Posten erhielt sie eine Broschüre vom Nottelefon und die Empfehlung, sich dort beraten zu lassen.

«Bei der Polizei meinten sie, ich solle gar nicht sagen, wie lange ich ausfallen werde; ich bekäme dann auch noch ein Arztzeugnis. Im Geschäft reagierten sie sehr verständnisvoll und sagten, das sei kein Problem, ich solle jetzt einfach mal für mich schauen. Ich wurde krankgeschrieben. Der Sozialarbeiter der Firma meldete sich auch noch bei mir, um mich bei der IV anzumelden. Er meinte, man wisse ja nie, wie man das verschaffen könne. Es gebe Frauen, die an dem zerbrechen und die nie mehr in der Lage seien, in die Geschäftswelt zurückzukehren.

Ich blieb einen Monat zu Hause. Zum Glück war Danis Chef auch sehr verständnisvoll, und so konnte er einen Teil Ferien beziehen Die ersten zwei Wochen bekam er zusätzlich auf Zeugnis, um mich zu unterstützen. Wir waren in diesen vier Wochen immer zusammen. Wir gingen viel spazieren. Das war ja dieser Hitzesommer, 2003. Den ersten Ausflug machten wir auf den Säntis und sahen dort einen Alpabzug, das war sehr speziell. Wir bereisten die Schweiz, gingen lauter schöne Orte anschauen, vielfach waren es Tagesausflüge. Den Kleinen brachten wir am Morgen in den Kindergarten und zogen dann los, und wenn er keinen Hort hatte, machten wir etwas zu dritt. Am Anfang war ja auch viel los: Wir mussten immer wieder zur Polizei, um Aussagen zu machen.

Wir redeten oft miteinander, immer wieder. Und wir tranken viel, der Alkohol floss relativ wacker, vielleicht auch, um uns etwas zu bedusseln. Am Anfang weinte ich auch immer, wenn wir darüber sprachen, und immer wieder mussten wir dann sagen: ‹Stopp, aufhören, sonst kommen wir in eine Spirale hinein und nicht mehr heraus.› Dann wechselten wir das Thema, wenn das ging. Aber am Anfang fielen wir immer wieder automatisch zurück, und wenn es nur Bemerkungen waren, wenn wir auf der Strasse Schwarze sahen – der Täter war ein Schwarzer gewesen. Wenn zum Beispiel einer in einem Restaurant sass, fragten wir uns: ‹War's der? Oder vielleicht der?› »

Beziehung
«Dani ging es am Anfang nicht gut, weil er sich schuldig fühlte. Ich hatte ihn ja vom Tanzen aus angerufen, etwa um ein Uhr, bevor ich nach Hause fuhr, und ihm angeboten, ihn mit dem Auto abzuholen. Er sagte, sie hätten es gerade noch so lustig, und er käme etwas später. Er machte sich lange Vorwürfe, dass er nicht gleich mit mir nach Hause gekommen war, denn dann wäre das alles nicht geschehen. Wir spielten immer wieder das Spiel ‹Was wäre, wenn›: Was wäre gewesen, wenn ich den Kleiderständer nicht von draussen hereingeholt hätte, die Balkontür richtig zugemacht hätte, alles so Mist – wir stellten Thesen auf, was anders hätte laufen können und was nicht.

Dani ging zweimal ins Mannebüro. Er sagte danach allerdings, er sei sich dort irgendwie komisch vorgekommen. Er könne mit mir besser darüber reden. Dort im Mannebüro sagten sie ihm, er sei nicht schuld daran. Das musste er ein wenig lernen. Am Anfang hatte er nämlich richtige Mordgelüste. Er bringe diesen ‹Siech› um. Wenn sie den erwischen, er gehe den erschiessen und was weiss ich. Ich sagte zu ihm: ‹Vielen Dank! Du gehst den erschiessen und hockst dann in der Kiste, und wir haben genau das, was wir wollten!› Aber das waren so Emotionen, vielleicht auch zum Abbauen dieser Ohnmacht und Wut, die einen packt. Es tat uns gut, über den zu fluchen und zu sagen, was wir alles mit ihm anstellen würden, auch wenn klar war, dass wir nichts davon wahr machen würden. Am ersten Tag hätte Dani vielleicht aus dem Affekt heraus etwas getan, so, wie der mich aus dem Affekt heraus hätte abstechen können, aber es dann auch nicht tat. Mit der Zeit legten sich diese Mordgedanken.»

Christine war es wichtig, sich ihre Sexualität so bald wie möglich «zurückzuerobern», damit diesbezügliche Ängste sich gar nicht erst entwickeln könnten.

«Am Anfang hatte Dani natürlich die grösste Angst, dass ich von Sexualität nichts mehr würde wissen wollen. Auch ich hatte gehört und gelesen, dass es viele Frauen gibt, die mit dieser Situation überhaupt nicht umgehen können. Sie sind nicht mehr normal lebensfähig, haben Angst vor Menschen, wollen von Männern nichts mehr wissen und können das Leben nicht mehr geniessen. Bei uns hat sich relativ schnell herausgestellt, dass das nicht der Fall ist. Ich überraschte Dani wohl sehr. Wir fanden schon am ersten Tag wieder zueinander. Ich wollte mir und ihm zeigen, dass wir zwei zusammengehören, dass er mein Mann ist und ich mit ihm und niemand anderem Sex habe, und er hatte auch irgendwie das Verlangen, mir zu zeigen: ‹Du bist meine Frau, du gehörst zu mir.› Für uns war das ein Schlüsselerlebnis. Ich weinte nachher, weil ich so froh war, dass es noch funktionierte, und sagte ihm: ‹Wenn es jetzt geklappt hat, ein paar Stunden danach, dann ist dieses Thema für uns erledigt.› Damit haben wir ihm schon mal gezeigt, dass er uns das nicht hat kaputt machen können.

Gut tat mir, dass wir so viel Zeit zusammen verbringen konnten. Wir konnten auch wirklich bald wieder lachen und miteinander blödeln. Alle Gefühlsregungen gab es da. Ich war sehr froh, Dani zu haben. Wenn ich in dieser Situation keinen Freund gehabt hätte, wäre es für mich viel schwieriger gewesen. Er war meine Hauptbezugsperson, und wir standen das gemeinsam durch. Diese Erfahrung hat uns richtig zusammengeschweisst. Dani hat sehr viel Zeit und Energie und Herzblut eingesetzt, dass es mir wieder gut geht. Wie man so sagt: in guten und in schlechten Zeiten. Nachdem wir am Anfang die schlechten Zeiten gemeinsam durchgestanden hatten, können wir seither die guten Zeiten noch besser geniessen.»

Christine ist überzeugt, dass sie, wäre sie zur Tatzeit noch mit ihrem Exmann zusammen gewesen, diese Krise kaum auf dieselbe Art hätte bewältigen können. «Er hätte mir nicht helfen können, und ich hätte seine Hilfe auch gar nicht gewollt. Lieber wäre ich allein gewesen als mit ihm zusammen. Es musste schon der Richtige sein. Und zum Glück hatte ich den Richtigen.»

Angst

«In den Monaten danach wollte ich nie allein sein. Bei Tageslicht und in Gesellschaft hatte ich keine Angst, aber nachts manchmal schon.

Dani hat seither immer bei mir geschlafen – ich war keine Nacht mehr allein. So brauchte ich keine Angst zu haben. Wenn ich zur Polizei musste, brachte mich Dani hin, wartete auf mich und brachte mich nachher wieder nach Hause. Tanzen ging ich eh nicht mehr. Wenn ich ein Geschäfts- oder Weihnachtsessen hatte, kam er mich abholen. Abends war ich entweder mit ihm zusammen oder mit jemandem, den ich kannte, und er brachte mich hin und holte mich ab. Er sagte, er lasse mich nicht mehr allein. Er war sehr fürsorglich, und ich genoss das am Anfang. Doch bin ich froh, dass es sich wieder gelegt hat, denn sonst wäre ich mir bemuttert vorgekommen.

Wenn Dani abends allein im Ausgang war, während ich zu Hause auf dem Sofa lag, schloss ich mich natürlich ein und fühlte mich eigentlich schon sicher, aber richtig wohl war es mir erst, wenn er wieder da war. Das war vor allem im ersten halben Jahr so, im Winter, und wenn es um fünf Uhr bereits dunkel ist, dann kann die Zeit bis zehn schon lang werden.

Wir trafen gewisse Sicherheitsvorkehrungen, montierten zum Beispiel einen Bewegungsmelder – sobald jemand die Treppe heraufkommt, ist es taghell auf dem Balkon. An der Balkontür haben wir ausserdem ein spezielles Schloss, und an der Wohnungstür eine Kette. Am Anfang zuckte ich jedes Mal zusammen, wenn dieses Licht anging – bis jetzt war es immer die Nachbarskatze. Ich erschrecke heute noch, doch geht das jeweils schnell wieder vorbei. Der Bewegungsmelder erinnert mich jedes Mal kurz an das, was passiert war. Am Anfang kontrollierte ich jeweils dreimal, ob die Kette auch wirklich gesetzt war, und jetzt lasse ich sie manchmal offen.»

Ein Umzug kam für Christine von Anfang an nicht in Frage. «Alle sagten: ‹Was, du wohnst noch da?! Mich würde nichts mehr in dieser Wohnung halten!› Aber ich sagte mir: Wegen diesem Sauhund ziehe ich jetzt nicht aus dieser Wohnung aus! Weil er mich in meiner Wohnung vergewaltigt hat, muss ich jetzt auch noch ausziehen und eine neue Wohnung suchen? Nein, ich wollte mich dieser Angst stellen. Und es ist wirklich eine schöne Wohnung, an einer tollen Lage.»

Die Polizei war sicher, dass der Täter nicht an den Tatort zurückkehren würde, weil er davon ausgehen musste, dass in der Nähe Posten aufgestellt wären. «Aus Erfahrung, sagten die bei der Polizei, wüssten sie, dass ein Gelegenheitsvergewaltiger, wie das bei mir einer war, einen grossen Bogen um diese Siedlung machen würde.»

Von den Nachbarn ist Christine nie auf das Vorgefallene angesprochen worden. Trotzdem wäre es ihr lieber, es wüsste niemand im Haus Bescheid. «Zwar herrscht eine gewisse Diskretion. Peinlich war es mir trotzdem. Was sich die Leute wohl dachten? ‹Wie geht das jetzt wohl mit der, wie übersteht sie das? Jetzt können wir hautnah sehen, wie's einer Vergewaltigten geht und wie lange es geht, bis sie in der ‹Psychi› landet!› Was weiss ich! Als ich mit dieser Polizistin im Polizeiauto sass und zurückschaute, sah ich jedenfalls noch all diese Köpfe in den Fenstern.»

Strafverfahren

Christine war es wichtig, dass alles Menschenmögliche unternommen wurde, um den Täter zu fassen, auch wenn jedes Mal, wenn sie bei der Polizei vorsprach, alles wieder aufgewühlt wurde. Beweismittel waren ein Präservativpäcklein, das Christine am Morgen nach der Tat zwischen den Kissen ihres Sofas fand, und ihre Erinnerung an die Stimme des Täters.

«Am Tag nach der Tat packte mich die Putzwut – der Kerl war in meiner Wohnung gewesen, und ich musste alles saugen und putzen. Als ich die Sofapolster hochhob, sah ich dieses Päckchen. Ich brachte es sofort der Polizei. Es war der grösste Zufall, dass die Polizei seine Daten erfasst hatte und es genug DNA-Spuren auf dem Päcklein gab, um ihn zu identifizieren. Mein Glück war das! Allerdings gaben sie mir nachher noch lange zu verstehen, wie eigenartig sie es fanden, dass ich wie die alte Fasnacht einen Tag später, nachdem die von der Spurensicherung eineinhalb Stunden vergeblich meine Wohnung durchsucht hatten, mit diesem Beweisstück daherkomme. Doch nahmen sie es zu den Akten, und so wurde der Täter gefunden. Als sie ihn darauf ansprachen, brachte er als Ausrede, er habe Pariser verteilt auf der Strasse!»

Die Zusammenarbeit mit der Polizei erlebte Christine als belastend. «Sie leisteten sich ein paar Fauxpas, die nicht nötig gewesen wären. Meine Ansprechperson bei der Polizei war immer wieder eine andere, und ich musste die ganze Geschichte wieder von vorne erzählen. Die erste Einvernahme wurde von einer Frau durchgeführt, aber nachher hatte ich nur noch mit Männern zu tun; auch das war mühsam. Auch kam ich mir manchmal schäbig behandelt vor. Am Anfang wurde ich quasi als eine hingestellt, die gerne tanzen geht, sich einen Typen nach Hause nimmt, ihr Vergnügen hat und den unschuldigen armen Mann dann in Schwierigkeiten bringt! Das ist mir natürlich schräg reingekommen.»

Da der Verteidiger eine Gegenüberstellung verlangte, wurde Christine ein Jahr nach der Vergewaltigung von der Polizei vorgeladen. «Sie stellten mir drei oder vier Schwarze hin, obwohl sie wussten, dass ich ihn im Dunkeln nicht klar hatte erkennen können. Das

Einzige, was ich gegen ihn in der Hand hatte, war die Erinnerung an seine Stimme. Die hatte ich mir eingeprägt, wir hatten ja miteinander kommuniziert. Aber ich musste mir trotzdem diese vier Kerle anschauen gehen! Das war wirklich ein Leerlauf. Und zu diesem Zeitpunkt schien niemand auf die Idee zu kommen, eine Stimmprobe zu machen. Vielleicht waren sie auch nicht dafür eingerichtet.»

Die Stimmprobe erfolgte etwas später und enttäuschte Christine mehr als alles andere. Sie hatte sich vorbereitet und ein paar Sätze aufgeschrieben, die der Täter zu ihr gesagt hatte und die die Vorgeladenen vorlesen mussten. «Und was geschah? Drei von diesen vier Typen waren Schweizer. Das war so unprofessionell! Wenn ein Schweizer seine Stimme verstellt, um wie ein Ausländer zu tönen, hört man das doch. Der Vierte war's dann. Ich erkannte ihn sofort – seine Stimme ging mir durch Mark und Bein. Doch dessen Anwalt focht meine Aussage an – diese Stimmkonfrontation sei ungültig; für mich sei's ja einfach gewesen, ihn zu erkennen, weil er der Einzige mit einem ausländischen Akzent gewesen sei. So stand am Schluss ich wie eine Idiotin da. Die Polizei vermasselte diese Stimmkonfrontation. Sie konnte nicht verwendet werden für die Beweisführung.

Es verging fast ein Jahr bis zur nächsten Stimmkonfrontation. Ein Jahr! – ich sage dir, da lief soviel schief! Diesmal stellten sie vier Schwarze hin. Beim Dritten zuckte ich zusammen und wusste wieder genau: Der war es. Ich zitterte richtig. Da kam wieder dessen Anwalt und sagte, ich hätte mir ja einfach von der letzten Stimmkonfrontation her die Stimme merken können, und damals sei es ja wohl klar gewesen, welcher es gewesen war. Es war einfach ungerecht!»

Trotz aller Schwierigkeiten ist es zur Anklage gekommen. Christine wähnt sich glücklich, eine der wenigen Frauen zu sein, in deren

Fall ein Fremdtäter überhaupt gefasst wurde. Der Angeklagte wird im Zusammenhang mit bewaffneten Raubüberfällen und Körperverletzung vor Gericht gestellt; die Vergewaltigung wird als Nebenpunkt behandelt. «Er wird drei oder vier Jahre kriegen. Zwei Jahre hockt er schon in Untersuchungshaft; diese Zeit wird ihm angerechnet, das heisst, in einem Jahr ist er wieder draussen. Das passt mir natürlich gar nicht. Ich weiss bis heute nicht, wie er genau aussieht. Bei einer Einvernahme war ich extra dabei, weil ich wissen wollte, wie er aussieht; ich konnte im Hintergrund im Raum sitzen. Leider habe ich ihn aber nur in dem Moment kurz gesehen, als er zur Tür hereinkam und an mir vorbeiging; danach sah ich ihn nur noch von hinten. Ich konnte mir seine Visage also nicht einprägen. Aber von der Anwältin bekomme ich dann noch ein Foto. Ich kann nur hoffen, dass er Landesverweis erhält.»

Rassismus

«Seit das passiert ist, habe ich eine Aversion gegen Schwarze. Da sie ihn in der ersten Zeit ja noch nicht gefasst hatten und ich auch nicht wusste, wie er genau aussieht, hätte der mir überall begegnen können. Jeder Schwarze, dem ich auf der Strasse begegnete, hätte es sein können. Ich gehe zum Beispiel gerne auf den Flohmarkt, und dort hat es immer viele Schwarze. Am Anfang war es mir allein nicht mehr wohl dort, und ich ging immer mit Dani. Jedes Mal, wenn ich einen Schwarzen sah, verschanzte ich mich hinter ihm. Nachdem er den Täter bei einer Vorladung der Polizei gesehen hatte, quetschte ich ihn natürlich aus nach dessen Aussehen, doch er sagte, er könne ihn auch nicht beschreiben, ausser den Farbton seiner Haut und seine Statur – gross und schlank. So wusste ich immerhin, dass die

Kohlschwarzen schon mal nicht in Frage kamen, und die kleinen Dicken auch nicht. Langsam stellte ich so meinen Frieden mit den Schwarzen wieder her. Doch gehe ich ihnen aus dem Weg; ich ertrage ihren Anblick einfach nicht mehr. Es hat sich allerdings gebessert im Verlauf der Zeit. Seit ich weiss, dass der Täter in der Kiste sitzt, weiss ich ja auch, dass alle anderen Schwarzen, die herumlaufen, es nicht gewesen sind. Ich kann ja nicht auf alle wütend sein, wenn es nur einer war. Es gibt so viele nette und anständige Schwarze und Ausländer. In dieser Hinsicht musste ich wieder etwas umdenken. Ich kann nicht mit einer derart negativen Einstellung auf jeden Menschen zugehen oder ihm begegnen. Doch wenn der dann wieder rauskommt, werde ich ein gewisses Grüppchen bestimmt wieder genauer anschauen.»

Rückkehr zur Normalität

Nach einem Monat Pause kehrte Christine an ihren Arbeitsplatz zurück. «Ich war um diesen Monat froh, aber auch erleichtert, dass wieder Normalität einkehrte. Ich wollte nicht mehr in diesem Ausnahmezustand sein, wollte nicht mehr so viel nachgrübeln, ich wollte wieder dazugehören, auch wenn es am Anfang hart war.

Ich habe einen Telefonjob, und das erste Telefon, das ich nach meinem Wiedereinstieg machte, konnte ich nur mit Mühe und Not zu Ende führen – ich legte auf und weinte los. Ich erledigte an diesem Tag nur noch Ablagearbeiten. Am zweiten Tag musste ich mich etwas zwingen; ich sagte mir: ‹So, du gehst jetzt wieder ans Telefon!›, und es ging dann. Anfänglich hatte ich allerdings Konzentrationsschwierigkeiten. Ich musste mir mehr Notizen machen als sonst. Doch das hat sich wieder gelegt. Diese Hürde musste ich nehmen.

Im Geschäft wussten es nur meine Vorgesetzten. Meine Chefin hat sich immer wieder furchtbar aufgeregt und ganz laut geflucht: ‹Dieser verdammte Sauhund! Den sollte man erschiessen!› Und dann hat sie jeweils aufgezählt, was man mit dem alles machen sollte – die Eier abschneiden und was weiss ich.

Die anderen wussten, dass etwas Schlimmes passiert war, weil ich so lange nicht zur Arbeit gekommen war. Alle werden sich ihre eigene Story ausstudiert haben. Das Thema war in der Luft, und mir war klar, dass alle gern mehr gewusst hätten. Immerhin hatten sie ja auch einen Monat lang Stress gehabt wegen mir, zu wenig Personal. Denen, mit denen ich eng zusammenarbeite, sagte ich es mal bei Gelegenheit unter vier Augen, und sie waren total verständnisvoll und fanden es super, dass ich wieder arbeiten kommen konnte.»

Tanzen
Christine ging in den zwei Jahren nach der Vergewaltigung nicht mehr tanzen. Früher tat sie dies leidenschaftlich gern. «Wenn ich mal zwei Wochen lang nicht auf dem Tanz gewesen war, wurde ich unzufrieden, hatte das Reissen. Das war wie weggeblasen. Vielleicht hatte es damit zu tun, dass ich an jenem Abend tanzen gegangen war. Und bei der Polizei hatten sie am Anfang das Gefühl, das sei einer gewesen, der mir aus dem Dancing gefolgt war. Es kam dann auch die Frage, ob ich dort jemandem einen Korb gegeben hätte, der dann wütend geworden sei. Ich überlegte mir das natürlich dann schon – Jesses Gott, war das einer von dort? Keine Ahnung. Ich rede ja nicht mit diesen Typen, ich bin ja dort zum Tanzen, nicht zum Reden.

Ich hatte auch keine Lust mehr, mit irgendwelchen fremden Typen zu tanzen. Im Gegenzug erklärte sich Dani bereit, mit mir einen Tanzkurs zu machen. Ich hatte ihn ja nie überreden wollen, nachdem das mit früheren Freunden schief herausgekommen war. Ich sagte ihm, wenn er das Gefühl habe, er wolle das lernen, dann komme ich gerne mit ihm in einen Anfängerkurs. Es stellte sich heraus, dass er keine zwei linken Füsse hat. Unterdessen gehe ich am liebsten mit ihm tanzen. Ich mag auch nicht mehr so in ein voll gestopftes Dancing gehen, alle drei Stücke einen anderen Tänzer haben, am liebsten mit x-verschiedenen Männern tanzen, von denen einer besser ist als der andere.»

Freundeskreis und Familie
Die Reaktionen in Christines Umfeld waren sehr unterschiedlich. «Am meisten enttäuscht hat mich eine meiner Schwestern. Ich sehe sie nicht so oft, doch als wir drei oder vier Monate nach der Tat einmal zu zweit im Ausgang waren, hatte ich den Eindruck, ich müsste es ihr erzählen. Im Nachhinein sah ich, dass ich mir das hätte ersparen können. Sie tat es ab mit den Worten: ‹Hast es ja gut überstanden! So schlimm wird es nicht gewesen sein!› Sie hat mir nie richtig geglaubt. Ich erzählte dann nicht weiter. Wenn jemand so komisch reagiert und mich nicht ernst nimmt, höre ich auf. Einer anderen Schwester sagte ich gar nichts, weil es sich nie ergeben hat. Für mich muss auch irgendwie der Rahmen stimmen, um das zu erzählen. Meine dritte Schwester hat mit Anteilnahme reagiert.

Meine Mutter weiss es auch nicht. Ihr geht es gesundheitlich nicht gut, und ich weiss nicht, wie sie das aufnehmen würde. Daher ist es besser so.»

Ihre Freundinnen reagierten hingegen mit Anteilnahme und drückten Christine ihre Anerkennung dafür aus, wie gut sie die erlebte Vergewaltigung verarbeitet hat. Da sie sie nicht regelmässig jede Woche sieht, erzählte sie es nur, wenn es sich ergab.

«Bei allen war es eigentlich so, dass ich meine Story erzählte und es nachher kein Thema mehr war. Niemand hat nachher ‹ghöfelet› und sich mehr gemeldet als vorher oder nachgefragt, wie es mir gehe, und das ist mir recht so. Manchmal werde ich gefragt, wie es mit dem Verfahren stehe, und dann erzähle ich, was ich weiss, und halte sie ein wenig auf dem Laufenden. Doch geht es da weniger um die Tat selbst oder um mich. Eigentlich sehen ja alle, die mich kennen, dass ich noch die Gleiche bin wie vorher. Sie merken, dass ich es gut verarbeitet habe. Nie werde ich gefragt: ‹Du, wie geht es dir eigentlich, wie hast du das verarbeitet?›.

Nur eine Freundin, die, mit der ich damals tanzen war und vor kurzem das erste Mal wieder, sagte, sie bewundere mich. Sie denke oft darüber nach, was mir passiert sei, und sie finde es wahnsinnig, wie gut es mir jetzt gehe und wie wenig ich mich verändert habe. Sie sagt, wenn ihr das Gleiche passieren würde, wäre ihr Leben gelaufen. Das hat mich irgendwie aufgestellt. Sie hat es schön gesagt. Und es hat mir wieder Kraft und Mut gegeben und mich bestätigt darin, dass ich es wirklich gut gemacht habe. Sie ist eigentlich die Einzige, mit der ich in der letzten Zeit intensiv darüber geredet habe. Wir sehen uns nicht oft, und wenn wir uns treffen, ist es für sie jedes Mal ein grosses Thema. Sie spricht das immer automatisch von sich aus an.

Mein Sohn weiss nichts davon. Es war mir ein Anliegen, ihn da herauszuhalten. Für mich war es gleichzeitig eine gute Übung, mir nichts anmerken zu lassen und mich ihm gegenüber normal zu verhalten. Ich wollte ihm nicht zeigen, dass es mir nicht gut ging. Das hat eigentlich gut geklappt. Und ich weiss nicht, ob ich es ihm überhaupt je erzählen werde.»

Verarbeitung

Ein Jahr lang ging Christine jede Woche für ein Gespräch zur Beratungsstelle Nottelefon. Ihre Betreuerin begleitete sie auch bei polizeilichen Einvernahmen und Terminen bei der Staatsanwaltschaft.

«Am meisten halfen mir diese Gespräche beim Nottelefon. Nachträglich bin ich immer noch darüber erstaunt, wie gut ich das verarbeitet habe – manchmal habe ich das Gefühl, irgendwie bin ich nicht ganz normal und müsste eigentlich einen psychischen Knacks haben, oder ich müsste gewisse Dinge nicht mehr machen können oder mehr Angst haben – aber so ist es tatsächlich nicht! Meine Betreuerin beim Nottelefon meinte, das komme selten vor, sei aber wunderbar, und ich solle mich einfach darüber freuen.

Es hat mich nie so sehr aus der Bahn geworfen, dass ich nicht wieder hineingekommen wäre. Ich konnte das immer irgendwie realistisch sehen. Wenn ich ein 17-, 18-jähriges Mädchen gewesen wäre, das noch keinen Kontakt mit Männern hatte, hätte ich wahrscheinlich viel mehr Mühe gehabt, darüber hinweg zu kommen. Aber mit bald 40 habe ich doch eine gewisse Erfahrung mit Männern und weiss, Männer sind spitz und brauchen das. Ein Geschlechtsakt dauert so und so lang, das ist ein Trieb, den der befriedigen musste, und jetzt war ich halt diejenige, die hinhalten musste. Es war zwar schlimm, aber es war nicht das erste Mal, dass ich Sex hatte. Es ist schwierig zu erklären. Ich fürchtete um mein Leben, und ich schätze mich glücklich, dass ich es noch habe. Er hat mich nicht abgestochen! Er hätte ja nur so zu machen brauchen» – Christine macht eine rasche Handbewegung in der Nähe ihres Halses – « ... das hätte gereicht! Aber er hat es nicht getan. Das gab mir immer Kraft. Und ich tat viel dafür herauszufinden, wie ich wieder Freude an meinem Leben bekommen konnte. Das Leben ist schön, und ich bin froh, dass ich es wieder geniessen kann. Dass ich diese schwierige Zeit durchgestanden habe, gibt mir auch die Zuversicht, dass ich anderes Schweres, das im Leben auf mich zukommt, werde bewältigen können.

Ein weiterer Grund, dass ich das besser verarbeiten konnte als andere, war vielleicht, dass ich schon relativ jung auf eigenen Füssen stehen musste. Ich hatte nicht gerade eine tolle Kindheit. Ich ging mit 15 von zu Hause weg und meisterte mein Leben selbst mit Hochs und Tiefs. Das hat mich stark gemacht. Ich musste immer schon ein wenig unten durch, musste kämpfen und Niederlagen überstehen. Das hat mir geholfen. Ich bin kein ‹Finöggeli›, sondern eher ein ‹Ruech›, vom Typ her. Eine Frau hingegen, die wohl behütet aufgewachsen ist und bis zur Lehre und durchs Studium hindurch eine Schaumgummiglocke um sich herum trägt und der dann so etwas widerfährt, wirft es wahrscheinlich eher aus der Bahn.»

Das Glück, weitermachen zu können
«Was würde ich anderen betroffenen Frauen empfehlen? Mir tat es gut, neue Möbel zu kaufen und das alte Bett wegzuwerfen. Alle Möbelstücke, die der berührt hat, gab ich weg, noch im ersten Monat. Und schöne Ferien haben wir uns geleistet. Wir bereisten drei Wochen lang Amerika, und es tat sehr gut, weit weg von allem zu sein. Ich hatte vielleicht einfach das Glück weitermachen zu können.

Wichtig finde ich es jedoch, so schnell wie möglich wieder arbeiten zu gehen, nicht zu lange weg vom Fenster sein, sondern im Alltag so bald wie möglich wieder dabei sein.

Ich würde einer Frau, die in einer stimmigen Beziehung lebt, auch raten, mit dem Sex nicht zu lange zu warten, weil sonst eine Mauer aufgebaut wird. Wenn man das erste Mal hinausschiebt, wird es immer schwieriger – der Mann will die Frau nicht bedrängen und getraut sich nicht, es zu initiieren. Mir hat es gut getan, dass mein Freund einfach da war, dass wir beide darüber reden konnten oder es auch einfach lustig hatten miteinander. Ich bin froh, dass wir den Sex gleich zu Beginn klären konnten. Ich habe das meiner Betreuerin beim Nottelefon gebeichtet, und sie sagte, das sei das Beste überhaupt. Das zeige auch, dass die Beziehung Substanz habe und stimme.»

Im Sommer 2007 wurde der Täter vom Obergericht zu neun Jahren Gefängnis verurteilt. Er hat angekündigt, das Urteil anzufechten.

Nachwort

Ich bin froh, das Manuskript nach fast zweijähriger Arbeit aus den Händen zu geben, und doch fällt es mir schwer, den Schluss zu formulieren.

Der Entstehungsprozess dieses Buches war oft Knochenarbeit und geprägt von einem emotionalen Wechselbad. Die Begegnungen mit den beteiligten Frauen berührten und beflügelten mich. Sass ich dann zu Hause an der Transkription und Überarbeitung der Gespräche, kämpfte ich stets wieder mit einem Gefühl der Schwere und mit Melancholie. Nicht immer gelang es mir, mich abzugrenzen, und die Erinnerung an meine eigene Vergewaltigung holte mich oft ein und bedrückte mich. Die Texte blieben denn auch in der Halbzeit während einiger Monate liegen, bis ich neuen Mut gefasst hatte. Interessiertes Nachfragen aus meinem Freundeskreis und meiner Familie half mir, diese Hürden zu überwinden.

Immer wieder wurde ich mir auch meiner eigenen ambivalenten Position bewusst: einerseits unmittelbar Betroffene zu sein, andererseits Autorin und gefordert, objektive Distanz zu wahren. Ich stellte mir vor, den beteiligten Frauen einen Schritt voraus sein zu müssen, was die Verarbeitung meiner eigenen Erfahrung betrifft. Dem war nicht so. Damit einher ging zudem die heimliche Erwartung, dass ich am Ende dieses Projekts eine persönliche, stille Erfolgsstory würde vorweisen können, die ich klar beschreiben und auf den Punkt bringen könnte. Ich ging davon aus, dass ich gestärkt würde und mit mir selbst ins Reine käme.

Ob das der Fall ist, wird sich zeigen. Ich stehe nicht an einem völlig anderen Punkt. Ich habe keine tiefen Erkenntnisse gewonnen.

Nach wie vor fühle ich mich zerbrechlicher als vor fünf Jahren. Mein Radius scheint kleiner geworden zu sein. Diese Verletzlichkeit – das Zerbrechen der Illusion, dass ich geschützt bin und mich, sollte es nötig sein, meiner Haut wehren könnte – als Tatsache zu akzeptieren, fällt mir schwer. Auf aggressives Verhalten am Arbeitsplatz oder auf der Strasse reagiere ich spontan mit Rückzug und einem Gefühl der Lähmung. Objektiv zu wissen, woher diese Hilflosigkeit stammt, ist ein schwacher Trost. Noch vermisse ich manchmal die Kathrin, die ich früher war, ihre Unbeschwertheit und Unerschrockenheit. Ich nehme die Vergewaltigung als Zäsur wahr, und das Vorher und Nachher klaffen immer noch auseinander, wenn auch nicht mehr so sehr wie noch vor ein paar Jahren. Es fällt mir oft schwer, das Trauma nicht als Dreh- und Angelpunkt allen seither erlebten Heils und Unheils zu betrachten.

Wichtige Erfahrungen, die das Entstehen des Buchs begleiteten, machte ich in verschiedenen Körper- und schamanischen Seminaren – zu Beginn bewusst in Frauengruppen, später dann auch zusammen mit Männern –, in denen ich mich mit Weiblichkeit und Sexualität auseinander setzte und meinem Bedürfnis, mich in einem sicheren Rahmen als Vergewaltigte zu outen und mit meiner Verletzung wahrgenommen zu werden, nachkam. Ich ging davon aus, dass ich in einer Gruppe mit beispielsweise 25 Teilnehmerinnen nicht die Einzige sein würde, die von erlebter sexueller Gewalt zu berichten wüsste. Doch meine Offenheit bewirkte nicht immer die erwartete Resonanz: Manchmal öffnete sie eine Tür und ermöglichte heilsame Gespräche mit anderen Menschen; andere Male kam es mir vor, als fielen meine Worte wie ein Stein durch die glatte Oberfläche eines Sees, ohne auf dem Wasserspiegel die geringste Spur zu hinterlassen. Doch konnte ich auf diesem Weg ein Stück weit Abschied nehmen von meinem bislang gehegten Anspruch auf physische und psychische Unversehrtheit und der damit verbundenen Sehnsucht nach dem unwiderruflich der Vergangenheit angehörenden Bild meiner Selbst.

Ein persönlicher Meilenstein war die Begegnung mit meinem jetzigen Partner, einem gebürtigen Iraner. Durch ihn und seine Familie komme ich wieder mit dem im Iran abgerissenen Faden in Berührung, was mich abwechslungsweise mit tiefer Freude und heftiger Ablehnung erfüllt. Ich bin ihm dankbar, dass er geduldig, achtsam und gelassen mit meiner verletzten Seite und meinem oft vehementen Bedürfnis nach Rückzug umgeht. Mit ihm zusammen habe ich ausserdem angefangen, Tango zu tanzen – und überrascht festgestellt, dass mir das Tangolokal einen geschützten Rahmen bietet, innerhalb dessen ich mich auf spielerische, unverbindliche Weise auf Kontakte mit anderen Männern einlassen kann.

Den zauberhaft schönen Garten, innerhalb dessen Mauern es geschah, mitsamt dem mit schwarzen Früchten beladenen, süss duftenden Maulbeerbaum, der sich mir ins Gedächtnis eingebrannt hat, gibt es unterdessen vielleicht gar nicht mehr – der Garten sollte einer Verbreiterung der Quartierstrasse weichen.

Kathrin Berger, Sommer 2007

Die Vergewaltigung verarbeiten – ein Modell

Im vorliegenden Buch erzählen Frauen, wie sie es schaff(t)en, mit der Erfahrung einer Vergewaltigung zu überleben und – mindestens zeitweise – wieder zu Gefühlen wie Glück und Sicherheit zu finden. Mit Hilfe eines Modells möchte ich einen Schritt vom in den Erfahrungsberichten beschriebenen persönlichen Erleben zurücktreten und aufzeigen, wie der Mut, mit der eigenen Verletzung nach aussen zu treten, eine erfolgreiche Bewältigungsstrategie der traumatischen Erfahrung bezeugt. Die Verwendung eines Modells kann betroffene Frauen entlasten, indem es zeigt, dass andere vor ihnen die Erfahrung der Vergewaltigung überlebt und integriert haben. Es vermittelt Angehörigen und Fachleuten Informationen, was in einer vergewaltigten Frau vorgeht, wie sie bei der Bewältigung unterstützt werden kann und weshalb sie sich manchmal auf eine für Aussenstehende unverständliche oder beunruhigende Weise verhält.

Für das Verständnis der Verarbeitungsprozesse ist es wichtig, sich vor Augen zu führen, dass sexuelle Gewalt nicht der Befriedigung sexueller Bedürfnisse dient. Sexualität wird lediglich als Mittel eingesetzt, um Macht auszuüben und andere zu erniedrigen (Godenzi 1989). In meinen Ausführungen beziehe ich mich auf Frauen, welche eine Vergewaltigung erlebt haben. Viele der beschriebenen Prozesse und Symptome treten in ähnlicher Art und Weise auch bei anderen Formen von sexueller Gewalt auf.

Bevor ich die vier Phasen des Modells näher beschreibe, möchte ich einige grundlegende Begriffe erklären.

Vergewaltigung als Trauma

Umgangssprachlich bezeichnet der Begriff Trauma eine erschütternde Erfahrung. Als Fachbegriff wird Trauma enger definiert, und zwar als «Ereignis, welches für die Person selber oder für andere Personen Todesgefahr, die Gefahr einer ernsthaften Verletzung oder der Verletzung der persönlichen Integrität beinhaltet. Die Reaktion der betroffenen Person umfasst dabei intensive Furcht, Hilflosigkeit oder Entsetzen» (APA 1996).

Eine Vergewaltigung bedeutet eine aussergewöhnliche Bedrohung oder Gefährdung, der sich die Betroffene nicht entziehen kann. Flucht oder Umgestaltung der Situation sind nicht möglich, sei es, weil die Frau durch den Täter daran gehindert wird, sei es, weil sie wegen der überwältigenden Todesangst nicht in der Lage ist, sich zu wehren oder zu fliehen. Die Frau erlebt zudem extreme Hilflosigkeit und das Gefühl, erniedrigt und gedemütigt zu werden. Ihre körperliche Integrität, ihre Grenzen werden ignoriert und verletzt.

Das Gefühl der Hilflosigkeit löst bei der betroffenen Frau eine existentielle Krise aus. Sich der Willkür eines Menschen ausgesetzt zu sehen, nicht abschätzen zu können, ob oder wann der Täter ablässt und ob sie die Situation überleben wird, führt zu einer schweren Erschütterung des Selbstbilds und des Weltbildes.

Viele Frauen fühlen sich dem Täter ohnmächtig ausgesetzt, sie haben während der Gewalttat grauenhafte Angst, getötet oder verstümmelt zu werden. Unabhängig davon, ob der Täter fremd oder bekannt war, ob bewaffnet oder nicht, ob es sich um einen Täter oder mehrere handelte, und unabhängig vom Ausmass verbaler Drohungen oder körperlicher Schläge, stellt eine solche Todesangst eine extreme Stresssituation dar, auf welche Menschen mit zwei Verhaltensmöglichkeiten reagieren: kämpfen/fliehen oder sich tot stellen (Levine/Frederick 1998). Es ist nicht möglich vorauszusagen, auf welche der zwei Möglichkeiten eine Frau zurückgreift, wenn sie in eine lebensbedrohliche Situation gerät. Auf die Frage 'Weshalb hat sie sich nicht mehr gewehrt?' gibt es deshalb eine klare Antwort: weil sich ihr physiologisches System angesichts der Todesbedrohung für die Variante Erstarrungsreaktion entschieden hat.

Frauen, welche vergewaltigt wurden, fühlen sich erniedrigt und entwertet. Sie empfinden, dass sie nicht als Menschen behandelt wurden, sondern als gehasstes und verachtetes Objekt. Manche Frauen sagen, diese Erfahrung habe sie zerstört, kaputt gemacht. Alle empfinden dies als tiefe Verletzung ihres Selbstwertes. Das Erlebte ist so ungeheuerlich, dass sie selbst kaum glauben, was ihnen widerfahren ist. Sie erleben die Situation, wie wenn sie neben sich gestanden wären und als Beobachterin zugeschaut hätten. Dieses Phänomen wird Dissoziation genannt und ist eine natürliche Schutzreaktion: Nicht der Frau selbst, sondern einer Unbekannten wird Gewalt angetan.

Eine Vergewaltigung zu erleben heisst, eine Grenzerfahrung zu machen, welche das Leben einer Frau in allen Dimensionen erschüttert. Ihr eigener Körper wird ihr fremd, da jede Berührung oder Zuwendung die verkörperlichte Erinnerung an die Tat wieder wecken kann. Sexualität kann als Folge zu einem potentiell tödlichen Geschehen werden, ist nicht mehr intime, vertrauensvolle Begegnung. Durch die ungeheure Anstrengung, das Entsetzen zu bewältigen, fallen Konzentration und vorher verinnerlichte Fähigkeiten plötzlich schwer oder sind kaum noch aufzubringen. Auch sich aufdrängende, unausweichbare Erinnerungen an die Tat erschweren die Alltagsbewältigung; die Betroffene wirkt wie abwesend. Sie erlebt sich als Zuschauerin im eigenen Leben. Als ein von Menschen – mehrheitlich von Männern – verursachtes Trauma, löst die Vergewaltigung Angst und Misstrauen aus, was zur Folge haben kann, dass sich die Frau von bisherigen Beziehungen und Kontakten zurückzieht. Jede vertrauensvolle Hinwendung an ein anderes menschliches Wesen wird begleitet von der Angst, wieder einen Übergriff zu erleben. Hilfe in Anspruch zu nehmen kann wieder Ohnmachts- oder Hilflosigkeitsgefühle auslösen. Durch das traumatische Erleben kommt es zu einer körperlichen und psychischen Übererregtheit, welche Schlaflosigkeit, Appetitmangel und die Unfähigkeit, sich zu entspannen und zu erholen, zur Folge hat. Eine andere Möglichkeit ist, dass die Frau erstarrt und abgestumpft wirkt.

Eine Vergewaltigung führt bei der Hälfte der betroffenen Frauen und bei 56% betroffener Männer zu einer posttraumatischen Belastungsstörung, das heisst, sie leiden wegen der erlebten Gewalttat noch ein halbes Jahr nach der Tat unter gravierenden Einschränkungen ihrer psychischen und physischen Gesundheit und ihrer Lebensqualität (Butollo et al 2003).

Aus den obigen Ausführungen wird deutlich, dass eine Vielzahl von erkennbaren, auf den ersten Blick widersprüchlichen Symptomen auftreten kann. Einige der Folgen sind offensichtlich, andere sind von aussen nicht beobachtbar.

Mit erlebter Gewalt verbundene Emotionen
Schuld

Im Erleben vieler Frauen nehmen nach einer Vergewaltigung Schuldgefühle viel Raum ein, unabhängig von den konkreten Umständen der Vergewaltigung. Für Aussenstehende mag dies oft seltsam wirken, doch haben Schuldgefühle eine stark unterstützende Wirkung bei der Bewältigung des Traumas. Dies wird klar bei der Betrachtung der Funktion von Schuldgefühlen. Eine Person fühlt sich schuldig, wenn sie etwas Falsches denkt, sagt oder tut. Damit verbunden ist die Wahrnehmung, dass sie eine Wahl gehabt hätte, sich anders zu verhalten. Überwältigende Ohnmachtsgefühle und Hilflosigkeit sind nur schwer zu ertragende Zustände. Das nachträgliche Entwickeln von Strategien, wie sie der ohnmächtigen Situation hätte entgehen oder entfliehen können, stärkt das Selbstbewusstsein einer vergewaltigten Frau. Sie kann sich vorstellen, ihr Leben wieder in den Griff zu bekommen. Auch mindern solche Überlegungen die Angst, erneut einem Gewaltdelikt zum Opfer zu fallen.

Angehörige oder Fachleute sollten daher der Frau ihre Schuldgefühle nicht ausreden oder sie von der Schuld des Täters überzeugen wollen. Es reicht, den Täter klar für die verübte Gewalt verantwortlich zu machen. Durch Bemerkungen wie ‹Hättest du doch nicht› oder ‹Warum hast du nur …› kann das Umfeld zusätzliche Schuldgefühle bei betroffenen Frauen auslösen. Die Ungeheuerlichkeit einer Vergewaltigung trifft nicht nur Betroffene selber, sondern schmerzt alle, die davon Kenntnis bekommen. Eine Vergewaltigung ist Beleg dafür, dass jede Frau bei aller Umsicht Opfer von Gewalt werden kann. Dieses Wissen emotional an sich heranzulassen, ist beunruhigend. Dagegen wehren sich Angehörige oder Bekannte, indem sie die Betroffene für die Vergewaltigung (mit-)verantwortlich machen. So kann die Illusion, das Leben sei gerecht und wir könnten uns gegen Katastrophen schützen, aufrechterhalten werden.

Eine nachhaltige Trauma-Behandlung wird die Frau darin unterstützen, trotz der Unvorhersehbarkeit des Lebens wieder Vertrauen zu entwickeln und ihre Schutzmöglichkeiten wieder realistisch einschätzen zu können.

Wut
Wut kann im Zusammenhang mit sexueller Gewalt die ‹abwesende Emotion› genannt werden. Betroffene Frauen vermissen sie in der ersten Zeit danach schmerzhaft. «Wenn ich wütend wäre, hätte ich mehr Kraft», wissen sie aus anderen Zusammenhängen. Angehörige werden oft stellvertretend für die Betroffene auf den Täter wütend, manchmal sogar auf die scheinbar so duldsame oder aggressionsgehemmte Frau. Wut als Gefühl richtet sich gegen Ungerechtigkeit, mobilisiert Kraft und will Distanz gegenüber Menschen, Zuständen etc. schaffen. Wer auf Grenzverletzungen mit einem gesunden Mass an Aggression reagiert, kann seine/ihre Grenzen wirkungsvoller schützen. Nun ist gerade eine Vergewaltigung die Erfahrung der völligen Ohnmacht und von Todesangst. In den ersten Wochen und Monaten nachher wird manche betroffene Frau schon von der Vorstellung, dem Täter auf sicherem Boden wie etwa dem Gerichtssaal gegenüber zu treten, vor Entsetzen gelähmt. Solange sie sich nicht einmal eine Begegnung in einem sicheren Rahmen vorstellen kann, wird es ihr schwer fallen, auf den Täter wütend zu werden. Es kann sein, dass Wut aufkommt, welche sich zunächst gegen sie selbst oder aber gegen ungefährlichere andere richtet, wie die Angehörigen,

Kolleginnen oder den Justizapparat. Oder sie wird wütend, wenn sie sieht, wie andere ihr bisheriges Leben unverändert fortsetzen, während sie selber mit aller Kraft um ihr früheres Leben kämpft. Wenn die Frau Wutgefühle entwickelt und sie gegen den Täter richten kann, ist dies ein Zeichen neu gewachsener Stärke (Brison 2004). «Du hast mir unrecht getan! Ich will dich dafür bestrafen! Ich wehre mich dagegen!», sind die Botschaften der Wut.

Scham
Schuld und Scham werden oft in einem Atemzug genannt. Beide Emotionen werden im sozialen Feld negativ bewertet. Es gibt jedoch gewichtige Unterschiede. Schuld entsteht durch falsches Handeln; ich kann mich entschuldigen, evtl. etwas gut machen, das nächste Mal anders handeln. Scham hingegen entsteht, wenn ich als Person nicht in Ordnung bin. Je näher uns jemand steht, der uns ablehnt, nicht weil wir falsch handeln, sondern weil wir als falsch bewertet werden, umso brennender ist die Scham. Alle Kulturen und Gruppen kennen Regeln, wie Schuld abgegolten werden kann. Scham hingegen treibt in die Isolation. Wir lernen daher schon als kleine Kinder, diejenigen Anteile unserer selbst, welche zu einer schamvollen Ablehnung durch jemand Bedeutsames geführt haben, möglichst gut von unserem Umfeld abzuschotten. Wenn eine Frau bei der Vergewaltigung die Wut und die Verachtung des Täters gegen sie als Frau spürt, wird sie tief beschämt in ihrer Gesamtheit – als Frau, als Mensch mit allen Bezügen. Der Täter dringt in ihren intimsten Raum ein, so dass seine Entwertung der vergewaltigten Frau als verachtetes Objekt höchste destruktive Wirkung zeigen kann.

Wenn wir anderen von unseren Schuldgefühlen erzählen, entlastet dies in der Regel. Wenn wir über unsere Scham reden, erleben wir sie hingegen noch einmal. Reagiert unsere Umgebung mit negativen Bewertungen, wird die Isolation aufgrund des Gefühls ‹Mit mir ist etwas Grundsätzliches nicht in Ordnung› verstärkt (Wheeler 2006). Deshalb ist teilnehmendes und nicht wertendes Reagieren auf eine Vergewaltigung für die betroffenen Frauen so wichtig. Um sich ihrer Scham stellen zu können, braucht eine Betroffene viel Stabilität und Vertrauen, dass sie nicht erneut entwertet wird.

Phasen der Verarbeitung
Die folgenden Ausführungen basieren auf den Erfahrungen und Berichten von Frauen, welche an der Beratungsstelle Nottelefon in Zürich Hilfe gesucht haben.

Betroffene durchleben nach einer Vergewaltigung bestimmte charakteristische Phasen der Bewältigung. Diese vier Phasen bilden ein Modell, das Betroffenen, Angehörigen und Fachleuten hilft, das Trauma und seine Folgen einzuordnen. Jede Frau wird jedoch den Verarbeitungsprozess auf ihr eigene Weise erleben und durchlaufen. Auch beschreibt das Modell keinen linearen, stets gleich verlaufenden Prozess, sondern ein zyklisches Geschehen, dessen einzelne Phasen mehrfach und in unterschiedlicher Intensität, Zeitdauer und Reihenfolge durchlaufen werden können. Nicht jede Frau erlebt jede dieser Phasen.

1. Schock
Die Wucht der Gewalterfahrung und der intensiven Emotionen raubt den Frauen die Fassung; sie können selbst kaum glauben, was

geschehen ist. Sie leiden unter einer andauernden akuten Angst, wieder angegriffen zu werden. Die Gewalt hat all ihre bisherigen Bewältigungsstrategien ausser Kraft gesetzt. Sie fühlen sich zutiefst verletzt. Das Gefühl, dass sie sich nicht oder nicht ausreichend wehren konnten, betäubt sie. Dieser Zustand hält stunden- oder tagelang an. Oft können sich die Frauen nicht mehr erinnern, was sie in dieser Zeit getan haben.

Einigen Frauen ist der Schock ins Gesicht geschrieben, sie sind gezeichnet vom Erlebten. Sie weinen oder reden über die erfahrene Gewalt. Sie bringen ihre Angst und Verzweiflung zum Ausdruck. Sie sind in dieser ersten Phase unfähig, ihrer Arbeit und ihren alltäglichen Pflichten nachzugehen. Andere Frauen wirken sehr ruhig, so dass ihnen nicht einmal Nahestehende die traumatische Erfahrung anmerken. Diese Frauen haben ‹auf Automatik geschaltet›, sie funktionieren scheinbar ganz normal. Innerlich jedoch müssen sie ihre ganze Kraft aufwenden, um nicht von den Erinnerungen und den damit verbundenen heftigen Emotionen überschwemmt zu werden.

Vergeblich bemühen sich die Betroffenen die Erfahrung selbst und die Erinnerung daran aus ihrem Gedächtnis zu tilgen. Dies hat physiologische Gründe: Traumatische Erinnerungen werden im Hirn gespeichert, in dem Teil des limbischen Systems, das Mandelkern (Amygdala) genannt wird und welches das Gefühlsleben steuert. Diese Region verleiht Gedächtnisspuren ihre intensive emotionale Färbung. Bei traumatischem Erleben wird die Verbindung zum Hippocampus – der Hirnregion, welche für die zeitliche und logische Einordnung von Geschehnissen zuständig ist – unterbrochen (Van der Kolk et al 2000). Deshalb sind die Erinnerungen an die Vergewaltigung oft bruchstückhafte Momentaufnahmen, die zeitlich nicht klar geordnet sind. Dazu kommt, dass diese Erfahrungen nicht mit anderen Erfahrungen verknüpft werden können, was die Integration und die Verarbeitung des Geschehen behindert. Für die Frauen ist es sehr quälend, immer wieder unvermutet von Bildern, Körperwahrnehmungen und Gefühlen überschwemmt zu werden. Dieses Phänomen, Flashback genannt, ist nicht ein intensives Wiedererinnern, sondern ein Wieder-Erleben der traumatischen Erfahrung.

In dieser Phase hat die Wiederherstellung der äusseren und inneren Sicherheit Priorität. Die Frau soll, wenn notwendig, eine medizinische Versorgung bekommen. Indem sie klar und wiederholt über notwendige Untersuchungen informiert wird, kann verhindert werden, dass sie dabei nicht erneut Ohnmacht erfährt. Sie soll nicht zu etwas gedrängt werden, was sie im ersten Schock nicht möchte. Sie braucht Zeit und geduldige, ruhige Erklärungen, um sich entscheiden zu können. Sie muss sich Schritt für Schritt wieder sichere Orte erarbeiten. Sie muss kontrollieren können, wer zu ihr Zutritt hat, was mit ihr geschieht. Konkrete Bedrohungen müssen erkannt und ausgeschaltet werden, Befürchtungen und Phantasien als solche benannt werden. Angehörige tendieren in ihrem ersten Schrecken dazu, schnell handeln zu wollen und die Betroffene damit zu überfahren.

2. Akute Krise
Klingt der Schockzustand ab, tritt eine akute Krise ein. Nach der existenziellen Ohnmachtserfahrung während der Vergewaltigung erleben die meisten Frauen, dass es ihnen kaum gelingt, die Kontrolle über ihr Erleben zurückzugewinnen. Sie werden von Angst geplagt, haben quälende Alpträume, sind schreckhaft, erschöpft und orientierungslos. Eine bestimmte Farbe oder Form, ein Geruch, ein Ge-

räusch oder eine Silhouette können sie in Alarmbereitschaft versetzen. Sie empfinden sich trotz langem und wiederholtem Waschen als schmutzig und abstossend und ekeln sich vor sich selbst. Sie mögen sich nicht mehr pflegen, da Berührungen oder der Anblick des eigenen Körpers schmerzt. Jeder Gedanke oder Sinnesreiz, jedes Gefühl kann Flashbacks auslösen

Sie versuchen, wieder anzuknüpfen an ihr Leben vor der Vergewaltigung, und merken, dass sie es nicht schaffen. Das Trauma verursacht einen Bruch in ihrem Leben. Viele Frauen erleben sich in der Krise als gänzlich verändert. Die Zeit vor der Vergewaltigung scheint nicht mehr wirklich zu ihnen zu gehören, ihre Gegenwart ist eine Qual von Erinnerungen, eine Zukunft scheint unvorstellbar. Das Selbst von vorher ist unter der Gewalt zerbrochen, die Bruchstücke lassen sich zu keinem Ganzen mehr fügen. Dieser Zustand flösst Angst ein, weil er hilflos macht. Betroffene Frauen mobilisieren all ihre Kräfte, um zumindest den Anschein von Normalität wieder herstellen zu können. Viele befürchten in dieser Phase, den Verstand zu verlieren, weil sie ihr Erleben und ihre Symptome nicht einordnen können. Es entlastet zu hören, dass sie normal auf ein anormales Geschehen reagieren, dass sich die Symptome abschwächen, oft auch zurückbilden werden. In der akuten Krise benötigen die Frauen Hilfsmittel und Techniken, um die quälenden Erinnerungen unterbrechen zu können.

3. Latenz-Phase

Viele Frauen sind zutiefst dankbar, wenn sie nicht mehr andauernd von Ängsten und Erinnerungen geplagt werden. Sie nehmen ihre Arbeit wieder auf, kommen mit den Alltagsanforderungen wieder zurecht. Nur auf konkretes Nachfragen erzählen sie, dass sie nicht allein aus dem Haus gehen. Dass sie nachts Fenster und Türen verriegeln. Dass sie alle Situationen vermeiden, welche an ihre Vergewaltigung erinnern könnten. Häufig ist es ihnen nicht mehr möglich, Intimität beglückend zu erleben. Sie schlafen schlecht und haben unerklärliche Schmerzen. Sie haben sich von Bekannten zurückgezogen.

Der Druck auf vergewaltigte Frauen, so schnell wie möglich in die Normalität zurückzukehren und das Geschehene zu vergessen, ist gross. Ihrem Umfeld werden einige Monate nach der Vergewaltigung wie eine Ewigkeit vorkommen – die betroffene Frau hingegen steckt mitten in ihrem Kampf um ihr psychisches und physisches Überleben. Eine Vergewaltigung hinterlässt nicht nur auf der psychischen Ebene tiefe Spuren, es kommt auch körperlich zu Veränderungen in der Stress-Regulation (Thierbach/Butollo 2005). Diese Veränderungen erschweren es Betroffenen, zur Ruhe zu kommen; auf ungewohnte Reize reagieren sie mit heftigen Schreckreaktionen, Erholung ist nur unvollständig möglich, da der Körper ständig in Alarmbereitschaft ist. Meist tragen vergewaltigte Frauen keine äusserlich sichtbaren Verletzungen davon. Umso schneller vergisst das Umfeld, wie tief die Folgen einer Vergewaltigung gehen und wie lange der Genesungsprozess dauern kann. Betroffene scheuen sich in dieser Phase, sich mit der Vergewaltigung zu befassen. Sie befürchten, dadurch wieder existentiell erschüttert zu werden.

Die Phase einer scheinbaren Verarbeitung kann monate- bis jahrelang dauern. Oft bringen selbst die betroffenen Frauen ihre andauernden Verhaltensänderungen und Schwierigkeiten nicht mehr in Zusammenhang mit der Vergewaltigung. Sie haben die Vergewaltigung endlich verarbeiten und vergessen können, sagen sie etwa.

4. Integration

Dieser Zustand der Latenz wird unterbrochen, wenn die Frau aufs Neue mit ihrer Vergewaltigung konfrontiert wird. Das sind meist äussere Ereignisse wie etwa ein Film, ein neuer Nachbar, der dem Täter ähnelt, oder der Beginn einer Liebesbeziehung. Viele Symptome flammen wieder auf. Jetzt sucht manche Frau professionelle Hilfe zur Verarbeitung, möchte die Vergewaltigung endgültig aufarbeiten.

Wie in der Phase der akuten Krise gilt auch hier zuerst, die Frau dabei zu unterstützen, die Kontrolle über ihre Emotionen und ihr Körperempfinden zurückzugewinnen. Viele Betroffene, aber auch Angehörige und sogar Fachleute meinen, eine gute Verarbeitung gelinge nur unter der Voraussetzung, dass die Gewaltsituation noch einmal und möglichst intensiv durchlebt werde. Wenn die Frau vorher jedoch nicht gelernt hat, sich selber wieder zu stabilisieren, damit sie nicht erneut ohnmächtig und hilflos dem Schrecken der Vergewaltigung ausgesetzt ist, schadet eine solche Konfrontation eher, als dass sie bei der Verarbeitung hilft.

Neben der erneuten Stabilisierung geht es in dieser Phase auch darum, die Folgen der Vergewaltigung im Leben der Frau zu benennen, den Schmerz und die Verluste zu betrauern und zu würdigen, wozu sie als Überlebende heute wieder fähig ist.

Mit Hilfe dieser Stabilisierungsübungen kann die Frau die erneute Krise unter Kontrolle bringen. Sie begreift die Gewalttat als integriert, wenn sie zur Frau vor der Vergewaltigung wieder eine Verbindung hat und sich als Frau nach einer Vergewaltigung akzeptieren, manchmal auch schätzen gelernt hat. Wenn die Frage nach dem Warum und Weshalb nicht mehr ihr Sein bestimmt, können Frauen neuen Frieden finden.

Eine Konfrontation mit der Vergewaltigung an sich macht im therapeutischen Rahmen nur dann Sinn, wenn die Frau selber den intensiven Wunsch danach verspürt und sicher in der Lage ist, sich in der direkten Konfrontation mit der traumatischen Erfahrung selber beruhigen zu können. Für eine gelingende Integration ist eine Konfrontation kein zwingender Schritt (Reddemann 2004a, Buttollo 2003).

Zum Schluss

Es ist mir wichtig, noch einmal den Modell-Charakter der beschriebenen Phasen zu betonen und daran zu erinnern, dass jede Frau das Geschehene auf für sie einzigartige Art und Weise, mit ihren persönlichen Fähigkeiten und Voraussetzungen, verarbeitet. Es gilt, mit einer Betroffenen individuell herauszufinden, was sie erlebt, was sie ändern möchte, welche Ressourcen sie vor der Tat hatte und welche sie nach der Tat reaktivieren kann. Dies hilft ihr, sich selber wieder als Mensch wahrzunehmen, und trägt so zur Bildung eines neuen Selbstverständnisses bei.

Ich glaube, dass es Frauen gibt, welche ihre Vergewaltigung ohne Beratung oder Therapie bewältigen können. Da Vergewaltigung eine Traumatisierung durch einen anderen Menschen darstellt, bin ich jedoch überzeugt, dass die Bewältigung mit Unterstützung eines wohlwollenden und professionellen Gegenübers mehr Wirkung entfaltet. Wir dürfen allerdings nicht vergessen, dass Therapie oder Behandlung immer auch Abhängigkeit bedeuten und Gewaltopfer daher manchmal davor zurückscheuen, Hilfe in Anspruch zu nehmen. Ein in diesem Zusammenhang sehr empfehlenswertes Buch für betroffene Frauen stammt von Luise Reddemann (2004b). Einfühlsam und kompetent werden darin praktikable Übungen beschrieben, um im Alltag mehr Lebensqualität zu gewinnen.

Neben der individuellen Situation von Betroffenen gibt es beim Thema der sexuellen Gewalt auch eine gesellschaftliche und politische Dimension. Es ist für manche der betroffenen Frauen entlastend und aufschlussreich, auf die gesellschaftlichen und strukturellen Zusammenhänge hingewiesen zu werden. Um sexueller Gewalt wirksam begegnen zu können, muss eine Gesellschaft diese klar ablehnen, gesetzliche Grundlagen dagegen schaffen und aktive Präventionsarbeit betreiben. Hilfsangebote für Betroffene und Informationen für Angehörige und Interessierte müssen bekannt oder leicht zugänglich sein. Brison (2004) betont, wie sehr ihr politische Arbeit geholfen hat, ihre Vergewaltigung zu bewältigen. Sie wie andere betroffene Frauen haben sich in Selbstverteidigungskursen wieder als wirksam handelnde Wesen erfahren. Dies ist ein wichtiger Schritt, um Ohnmacht und Angst zu reduzieren.

Wie wichtig die gesellschaftlichen Zusammenhänge für den individuellen Umgang mit sexueller Gewalt sind, möchte ich am Beispiel der Vergewaltigung in der Ehe ausführen. Solange in der Schweiz Vergewaltigung in der Ehe kein Straftatbestand war, konnte sich eine Frau auf juristischer Ebene nicht gegen diese Form von Gewalt wehren. Seit 1992 ist es den betroffenen Frauen möglich, erzwungenen Geschlechtsverkehr in der Ehe anzuzeigen; seit 2004 gilt Vergewaltigung in der Ehe als Offizialdelikt, d.h. die Behörden sind verpflichtet zu ermitteln, wenn sie davon Kenntnis bekommen, dass eine Frau gegen ihren Willen zu Geschlechtsverkehr gezwungen wurde. Für betroffene Frauen bedeutet dies: In unserer Gesellschaft besteht ein Konsens, dass es unerwünscht und strafwürdig ist, wenn ein Ehemann seine Frau zu Sex zwingt. Eine Frau wird so durch die gesellschaftlichen und juristischen Rahmenbedingungen bestärkt, sich gegen diese Verletzung ihrer Integrität zu wehren. Die Täter werden vom Staat strafrechtlich verfolgt und zur Rechenschaft gezogen. Diese Gesetzesänderungen und -anpassungen sind eine politische Stellungnahme und eine klare Botschaft an Frauen und Männer. Gesetze und deren Anwendung und Durchsetzung sind eine wichtige Massnahme gegen sexuelle Gewalt.

Ebenfalls wichtig ist eine konsequente Gleichstellung von Frau und Mann in Partnerschaft und Berufsleben, da Gewalt durch ein strukturelles Machtgefälle zwischen Frau und Mann gefördert wird. Noch immer verdienen Frauen in der Schweiz für dieselbe Arbeit rund 30% weniger als gleich qualifizierte Männer. Diese Einkommensdifferenz ist umso grösser, je besser die Ausbildung der Frauen und je höher ihre hierarchische Stellung in einem Betrieb sind – dies, obwohl das Gleichstellungsgesetz von 1996 den gleichen Lohn für die gleiche Arbeit festschreibt. Für manche Männer ist es noch nicht selbstverständlich, Frauen gleichberechtigt in der Wirtschaft anzuerkennen und zu entlöhnen. Obwohl heute viele Frauen gute Ausbildungen haben, sind sie in den Kaderpositionen von Wirtschaft, Politik und Wissenschaft massiv untervertreten.

Die Haltung zu sexueller Gewalt zeigt sich auch im Umgang mit diskriminierenden Darstellungen und Bildern. Sexistische Werbung ist versteckte strukturelle Gewalt. Wenn Frauen in den Medien durchgängig als Objekte dargestellt werden, gegen welche man(n) sich sexualisiert und gewalttätig verhalten darf, werden bestimmte Vorstellungen über die Machtverhältnisse von Mann und Frau zementiert. Inwiefern diese Bilder zu Fantasie über mögliche Gewalttaten und dann zu deren Umsetzung beitragen, ist wissenschaftlich umstritten. Wenn Jugendliche jedoch ständig medial verbreitete Darstellungen von extrem klischierten Geschlechter-Stereotypen oder von gewalttätigem Handeln ausgesetzt sind, lernen sie am medialen Vorbild, dass ein solches Verhalten möglich und ausserdem für Männer prestigeträchtig ist (siehe dazu auch Bauer 2005). Aus diesem Grund geht es die Gesellschaft etwas an, welche Inhalte in welcher Form verbreitet werden.

Sexuelle Gewalt betrifft eine Frau in all ihren Dimensionen des Seins. Die Gewalt betrifft jedoch nicht nur sie als Individuum. Die Ursachen und die Folgen der Gewalt entstehen nicht nur individuell, sondern stehen in Zusammenhang mit der Gesellschaft. Wenn diese sich nicht darum kümmert, Gewalt zu reduzieren und ihre Folgen aufzufangen, wird nicht nur die betroffene Frau, sondern die ganze Gesellschaft daran kranken.

Eine betroffene Frau wird ihre Vergewaltigung nicht vergessen. Es bleibt ein Vorher und ein Nachher. Es bleiben Spuren zurück, die in bestimmten Situationen schmerzen können. Aber betroffene Frauen können wieder glückliche, unbeschwerte Begegnungen mit sich und mit anderen erleben. Ich hoffe, dieses Buch trage dazu bei, dass sich Frauen mit ihrer Vergewaltigung aus der Isolation wagen, Hilfe suchen und diese finden.

Barbara Dahinden
Psychologin lic. phil. / FSP
Beratungsstelle Nottelefon Zürich

Literatur

APA (American Psychiatric Association) (1996):
Diagnostisches und statistisches Manual psychiatrischer Störungen. DSM-IV (4. Aufl.).
Deutsche Bearbeitung von Sass H., Wittchen H.-U. & Zaudig M. Hogrefe
Verlag für Psychologie, Göttingen.

Brison Susan J. (2004):
Vergewaltigt – Ich und die Zeit danach – Trauma und Erinnerung.
Verlag C. H. Beck, München.

Butollo W., Hagl M., Krüsmann M. (2003):
Kreativität und Destruktion posttraumatischer Bewältigung – Forschungsergebnisse und Thesen zum Leben nach dem Trauma (2. erw. Aufl.).
Pfeiffer bei Klett-Cotta, Stuttgart.

Godenzi A. (1989):
Bieder, brutal. Unionsverlag, Zürich.

Levine P. A., Frederick A. (1998):
Trauma-Heilung – Das Erwachen des Tigers. Synthesis, Essen.

Reddemann L. (2004a):
Psychodynamisch Imaginative Traumatherapie PITT – Das Manual.
Pfeiffer bei Klett-Cotta, Stuttgart, 2. Aufl.

Reddemann L. (2004b):
Eine Reise von 1000 Meilen beginnt mit dem ersten Schritt.
Seelische Kräfte fördern und entwickeln.
Herder spektrum, Freiburg.

Steinbach B. (1995):
Vergewaltigung und ihre Folgen für die betroffene Frau.
Weiterbildung an der Universität Zürich. Unveröffentlichtes Manuskript.

Thierbach R., Butollo W. (2005):
Trauma – Leben nach einer extremen Erfahrung.
Trias, Stuttgart.

Van der Kolk B. A., McFarlane A., Weisaeth L. (Hrsg., 2000):
Traumatic Stress – Grundlagen und Behandlungsansätze.
Junfermann Verlag, Paderborn.

Wheeler G. (2006):
Jenseits des Individualismus – Für ein neues Verständnis von Selbst, Beziehung und Erfahrung.
Edition GIK im P. Hammer Verlag, Wuppertal.

Das Unvorstellbare ins Bild setzen
Anna Graber

Kathrin Berger und den fünf Frauen, die im Buch zu Wort kommen, ist es gelungen, über das Unsagbare zu sprechen. Doch wie können Fotos einem derart schwierigen Thema gerecht werden?

Ich machte mich auf die Suche nach Bildern. Sie sollten benennen, was tabuisiert wird, und respektvoll umgehen mit den Gefühlen der Betroffenen. Als eigenständige Bildergeschichte sollen sich meine Fotos beim Durchblättern des Buches zeigen und in allgemeingültigen Formulierungen sich dem Prozess annähern, der mit der Vergewaltigung beginnt und an dessen Ende ein Akzeptieren der Verletzung steht. Zentral scheint mir, wie lange Angst das Leben einer Betroffenen prägt, wie diese Angst verschiedene Gesichter hat, vielleicht gleichzeitig oder wechselnd, den vermeintlichen Fortschritt wieder zerstörend.

Ich habe mir manchmal vorgestellt, was wäre, wenn der Schatten im Dunkeln ein Täter wäre, oder wie es sich anfühlt, wenn der Partner beim Geschlechtsverkehr mehr will, als ich zu geben bereit bin. Und schon bin ich an dem Punkt, wo sich meine Vorstellungskraft weigert, Bilder zu produzieren. So bleiben mir nur meine Erfahrungen aus Extremsituationen in meinem Leben, um mich heranzutasten an das Unvorstellbare.

Anna Graber ist Fotografin und studiert in Zürich Vermittlung von Kunst und Design. Sie ist Mutter von zwei Söhnen und arbeitet freiberuflich. Für ihr Mitwirken bei den inszenierten Bildern dankt sie Manuela Reimann und Joy Winistörfer.

Beratungsstellen

Jede von sexueller Gewalt betroffene Frau hat in der Schweiz Anspruch auf kostenlose Beratung durch eine von der Kantonalen Opferhilfe anerkannte Beratungsstelle. Die Mitarbeiterinnen der Beratungsstellen unterstehen einer strengen Schweigepflicht.

Aargau
Opferhilfe Aargau/Solothurn
Beratungsstelle für Opfer von Gewalttaten
Postfach 4345
5001 Aarau
Tel: 062 837 50 60, E-Mail: opferhilfe.ag@frauenzentrale.ch

Appenzell
Beratungsstelle Opferhilfe
Fachstelle der Stiftung Opferhilfe SG/AI/AR
Teufenerstrasse 11
9001 St. Gallen
Tel: 071 227 11 00, E-Mail: beratungsstelle.opferhilfe@opferhilfe-sg.ch, www.opferhilfe-ar.ch

Basel
Nottelefon – Beratungsstelle und Opferhilfe für gewaltbetroffene Frauen
Steinenring 53
4051 Basel
Tel: 061 692 91 11, E-Mail: info@nottelefon.ch, www.nottelefon.ch

Bern
Lantana – Fachstelle Opferhilfe bei sexueller Gewalt
Aabergergasse 36
3011 Bern
Tel: 031 313 14 00, E-Mail: beratung@lantana.ch, www.lantana.ch

VISTA – Fachstelle Opferhilfe bei häuslicher und sexueller Gewalt
Scheibenstrasse 3
3600 Thun
Tel: 033 223 07 90, E-Mail: bs.thun@freesurf.ch

Frauenhaus und Beratungsstelle der Region Biel
Kontrollstrasse 12
2503 Biel
Tel: 032 322 03 44, E-Mail: info@solfemmes.ch, www.solfemmes.ch

Freiburg
Centre de consultation LAVI pour les femmes
Opferberatungsstelle für Frauen/Frauenhaus
Case postale 1400
1701 Fribourg
Tel: 026 322 22 02, E-Mail: info@sf-lavi.ch, www.sf-lavi.ch

Genf
Viol-secours
Place des Charmilles 3
1203 Genève
Tel: 022 345 20 20, E-Mail: info@viol-secours.ch, www. viol-secours.ch

Glarus
Opferhilfeberatungsstelle des Kantons Glarus
Kantonaler Sozialdienst
Winkelstrasse 22
8750 Glarus
Tel: 055 646 67 19

Graubünden
Opferhilfe-Beratungsstelle
Loestrasse 37
7000 Chur
Tel: 081 257 31 50, E-Mail: mail@opferhilfe.gr.ch, www.sozialamt.gr.ch

Jura
Service social régional du district de Delémont
Rue de la Jeunesse 1
2800 Delémont
Tel: 032 420 72 72, E-Mail: secr.ssrd@jura.ch

Luzern
Opferberatungsstelle des Kantons Luzern – Fachbereich Frauen
Habsburgerstrasse 22
6003 Luzern
Tel: 041 227 40 60, E-Mail: info@opferberatung-lu.ch, www.opferberatung-lu.ch

Neuenburg
Centre de consultation LAVI
Service d'aide aux victimes
Rue J.-L. Pourtalés 1
Case postale 2050
2001 Neuchâtel
Tel: 032 889 66 49, E-Mail: LAVI.Neuchatel@ne.ch

Centre de consultation LAVI
Service d'aide aux victimes
Av. Léopold Robert 90
Case postale 293
2301 La Chaux-de-Fonds
Tel: 032 889 66 52, E-Mail: LAVI.VCH@ne.ch

Nidwalden
Beratungstelle Opferhilfe
Kanton Nidwalden
Kreuzstrasse 3
6371 Stans
Tel: 041 618 44 84, E-Mail: margrith.brechbuehl@nw.ch
www.nw.ch/de/verwaltung/dienstleistungen

Obwalden
Kantonales Sozialamt
Dorfplatz 4
Postfach 1261
6061 Sarnen
Tel: 041 666 63 35 und 041 666 64 16, E-Mail: sozialamt@ow.ch
www.ow.ch/de/verwaltung/aemter/

Schaffhausen
Frauenhaus und Beratungsstelle für Frauen, Opferberatung für Frauen
Neustadt 23
8200 Schaffhausen
Tel: 052 625 25 00, E-Mail: info@opferberatung.ch, www.frauenhaus-sh.ch

Schwyz
Informations- und Beratungsstelle für Frauen im Kanton Schwyz (IBF)
Bahnhof SBB
6410 Goldau
Tel: 0800 00 30 30, E-Mail: beratungsstelle@ibf-schwyz.ch, www.ibf-schwyz.ch

Solothurn
Opferhilfe Aargau/Solothurn
Beratungsstelle für Opfer von Gewalttaten
Postfach 4345
5001 Aarau
Tel: 062 837 50 60, E-Mail: opferhilfe.ag@frauenzentrale.ch

St. Gallen
Beratungsstelle Opferhilfe
Fachstelle der Stiftung Opferhilfe SG/AI/AR
Teufenerstrasse 11
9001 St. Gallen
Tel: 071 227 11 00, E-Mail: beratungsstelle.opferhilfe@opferhilfe-sg.ch, www.opferhilfe-ar.ch

Tessin
Unità di intervento regionale (UIR) del Bellizonese e Valli
Viale Stazione 21
6500 Bellinzona
Tel: 091 814 31 66, E-Mail: dss-uss.bellinzona@ti.ch

Unità di intervento regionale (UIR) del Locarnese
Via Antonio Ciseri 5
6600 Locarno
Tel: 091 815 84 01, E-Mail: dss-uss.locarno@ti.ch

Unità di intervento regionale (UIR) del Luganese
Via Luganetto 5
6904 Lugano
Tel: 091 815 40 11, E-Mail: dss-uss.lugano@ti.ch

Unità di intervento regionale (UIR) del Mendrisotto
Via Giorgio Bernasconi 16
6850 Mendrisio
Tel: 091 815 94 01, E-Mail: dss-uss.mendrisio@ti.ch

Thurgau
Beratungsstelle für gewaltbetroffene Frauen Thurgau
Rheinstrasse 8
8501 Frauenfeld
Tel: 052 720 39 90, E-Mail: frauenberatung@stadtfrauenfeld.ch, www.frauenberatung-tg.ch

Uri
Opferhilfe-Beratungsstelle Kanton Uri
Gotthardstrasse 61a
6410 Goldau
Tel: 0848 82 12 82, E-Mail: opferhilfe@arth-online.ch, www.arth-online.ch/Opferhilfe

Waadt
Centre LAVI
Aide et conseil aux victimes d'infractions
2, place Bel-Air
1003 Lausanne
Tel: 021 320 32 00, www.profa.org

Wallis
Centre de consultation LAVI
Avenue de Pratifiori 27
1950 Sion
Tel: 027 323 15 14

Opferhilfe-Beratungsstelle Oberwallis c/o Sozialmedizinisches Regionalzentrum
Bahnhofstrasse 17
3930 Visp
Tel: 027 946 85 32

Zürich
Beratungsstelle Nottelefon für Frauen – gegen sexuelle Gewalt
Postfach
8026 Zürich
Tel: 044 291 46 46, E-Mail: info@frauenberatung.ch, www.frauenberatung.ch

bif – Beratungs- und Informationsstelle für Frauen gegen Gewalt in Ehe und Partnerschaft
Postfach 9964
8036 Zürich
Tel: 044 278 99 99, E-Mail: info@bif-frauenberatung.ch, www.bif-frauenberatung.ch

Frauen Nottelefon, Beratungsstelle für gewaltbetroffene Frauen
Technikumstrasse 38
Postfach 1800
8401 Winterthur
Tel: 052 213 61 61, E-Mail: frauennottelefon@swissonline.ch, www.frauennottelefon.ch

Zug
Opferberatung Frauenzentrale Zug
Tirolerweg 8
6300 Zug
Tel: 041 725 26 50, E-Mail: opfer@frauenzentralezug.ch, www.frauenzentralezug.ch

Linda Stibler
Das Geburtsverhör
Anna Weibel war eine von vielen jungen Frauen, die im 18. und 19. Jahrhundert einem Geburtsverhör ausgesetzt wurden, weil sie unverheiratet schwanger waren. In der vielschichtigen Erzählung geht Linda Stibler auch auf die bewegte Geschichte der beiden Basel und die Auseinandersetzungen über Menschenrechte in der damaligen Zeit ein.

Christiane Uhlig, Lee Duk-Won
Ginkgobäume in der Fremde
Eine koreanisch-europäische Lebensgeschichte
Die 1939 in Seoul geborene Lee Duk-Won studierte in Deutschland Chemie, kehrte nach Korea zurück und lebt seit 1981 in der Schweiz. Sie erfährt Anfang 2004, dass ihre seit dem Koreakrieg vermisste Schwester nicht tot ist, sondern in Nordkorea lebt. Das Wiedersehen nach mehr als 50 Jahren wird zum Anlass einer Reise in die Vergangenheit. Erzählt wird nicht nur die dramatische Geschichte einer koreanischen Familie über vier Generationen hinweg, sondern auch die eines Landes, das bis heute unter den Folgen von Okkupation, Krieg, Teilung und Diktatur leidet.

Henriette Brun-Schmid
Weit liegt Morgenland
Geschichten vom Rand
Die Menschen in diesen Erzählungen erleben Ausnahmesituationen. Ein Kind beobachtet eine Geburt, eine Frau hat Mann und Kind verloren, das Mädchen stiehlt ein Bonbon. Diese Situationen werden meist aus kindlicher Perspektive und in einer aufs Wesentliche reduzierten Sprache beschrieben, die uns einfühlsam in die Welt dieser Menschen hinein führt und eigene Erinnerungen weckt.

Katharina Ley, Cristina Karrer
Überlebenskünstlerinnen
Frauen in Südafrika
Die politische Apartheid in Südafrika wurde 1994 überwunden, doch die soziale und wirtschaftliche Trennung zwischen Weissen, Farbigen und Schwarzen besteht weiterhin. Zwölf Porträts von Frauen im Überlebenskampf in Südafrika.

www.efefverlag.ch
eFeF-Verlag Berninastr. 4 5430 Wettingen